もっと知りたい

東大寺の歴史

筒井寛昭
梶谷亮治
坂東俊彦 著

東京美術

はじめに

天平勝宝四年（七五二）四月九日、大仏さまが開眼されて、これまでになく盛大で国際色豊かな供養会が行われました。

この奈良時代、天平文化を象徴する最も華やかな行事に至る背景には聖武天皇の苦悩がありました。切望していた皇太子・基《もとい》親王は一歳に満たずに亡くなり、加えて長屋王の変、藤原広嗣の乱の発生や天然痘が流行するなど、聖武天皇の心は常に穏やかなものではありませんでした。その思い悩む心を救ったのが仏教であり、ともに歩む光明皇后の力添えでありました。

聖武天皇と光明皇后は「仏教の尊い力で世の中が安泰で生きとし生けるものすべてが心穏やかに過ごせるように」と思われたのです。この思いは天平一五年（七四三）一〇月一五日に出された「盧舎那大仏造立の詔」中の言葉、「誠に三宝の威霊に頼りて、乾坤相《けんこんあい》泰《やすら》かに万代の福業を修めて、動植咸《ことごと》く栄えんことを欲す」に表されています。聖武天皇の思いの結実が大仏さま、東大寺なのです。

加えて聖武天皇の思いの実現に忘れてはならないことは、詔の「一枝の草、一把の土」の言葉に象徴される人びとの大仏造立への思いの共有と献身的な協力であります。東大寺が民衆の寺としての一面を持つといわれるのはこの点で、この言葉は平安時代と戦国時代、二度にわたる兵火の際にも思い起こされ、それぞれ重源上人、公慶上人が中心となって多くの人びとの小さな協力によって壊滅的な被害から見事に復興が成し遂げられています。

そしてこの精神は一二五〇余年の時を越えて現代まで脈々と伝わっているのです。

平成二二年九月

東大寺長老　北河原公敬

目次

前頁 大仏開眼1250年大法要の様子（写真：野村輝男）

東大寺とその周辺

東大寺伽藍　空撮

写真：Ⓒ PPS

東大寺周辺地図

東大寺境内図

● 国宝建造物　◎ 重要文化財建造物　- - - 車椅子通行可能なルート

プロローグ

東大寺前史

聖武天皇がわが子の菩提を弔うために構えた小さな山房から、より多くの人びとの救済を願う大仏建立へといたる道程。

1　東大寺の前身

◉基親王の菩提を弔う金鐘山房

一二五〇年を越える東大寺の歴史は悲しい出来事にその源流がある。

神亀五年（七二八）九月一三日、時の天皇、聖武天皇念願の皇太子であった基《もとい》親王が一歳に満たずに薨去《こうきょ》された。

奈良時代の歴史書である『続日本紀《しょくにほんぎ》』には聖武天皇は親王の菩提を弔うため、一一月三日には智努《ちぬ》王を長官として平城京の東の山中に房を構え、同月二八日には僧侶九人を止住させたと記録されている。

この山房は正倉院に所蔵されている天平一一年（七三九）七月一一日付の文書に「金鐘山房」との名がみえるように、東大寺の前身寺院の一つとされる金鐘寺（「金鍾寺」とも書き、読みは「きんしょうじ」「こんしゅじ」とも）として発展していったとされる。

◉法華堂の創建

嘉承元年（一一〇六）頃に成立した東大寺の寺誌『東大寺要録』

天竺に向けて渡海する聖武天皇と良弁。2人の前世譚によるもの。
（『東大寺大仏縁起』上巻より）

◎法華堂創建年に関わる記録

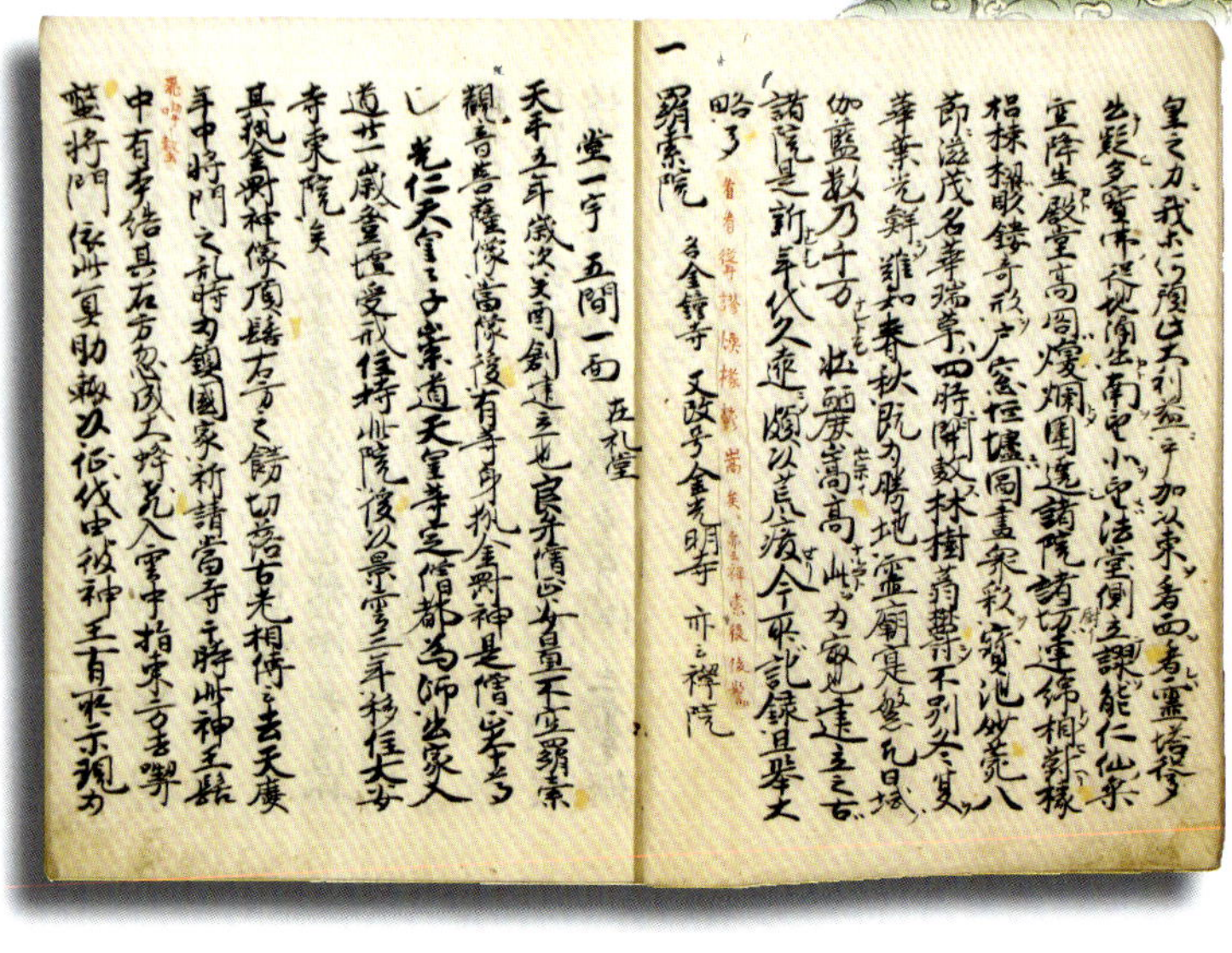

東大寺要録　諸院章
1冊　紙本墨書　縦28.0cm　横21.9cm
室町時代　文明17年（1485）　重要文化財

右頁の最後の行から左頁にかけて「一、羂索院〈名金鐘寺　又改号金光明寺　亦云禅院〉堂一宇　五間一面在礼堂　天平五年歳次癸酉創建立也　良弁僧正安置不空羂索観音菩薩像」の記述がみえる。

（以下『要録』）には「一、羂索院〈名金鐘寺　又改号金光明寺亦云禅院〉堂一宇　五間一面在礼堂　天平五年歳次癸酉創建立也良弁僧正安置不空羂索観音菩薩像」という記述があり、法華堂は金鐘寺の主要な堂舎の一つであるとして捉えられ、天平五年（七三三）に創建されたと伝えられてきている。近年、二月堂北側の丘陵西側から東大寺成立以前の興福寺様式と同笵瓦を含む多くの遺物が発見（丸山西遺跡）され、さらに法華堂の修理時の年輪調査で使用材が天平二～三年（七三〇～七三一）伐採であることが判明した。

『東大寺要録』の記述に合うような発見であるが、本尊・不空羂索観音像の様式や法華堂軒瓦の形式が天平五年より遅れるもの

東大寺建立、大仏開眼までの道程

和銅３年	（710）	平城京遷都。
神亀元年	（724）	聖武天皇即位（～749）。
神亀５年	（728）	皇太子基親王が死去。
神亀６年	（729）	長屋王の変。
天平９年	（737）	天然痘の流行により、藤原四兄弟（武智麻呂、房前、宇合、麻呂）が病死。
天平 12 年	（740）	藤原広嗣の乱。 聖武天皇、河内の知識寺にて盧舎那仏を礼拝し、大仏建立を発願。
	（740 ～ 745）	この間、相次ぐ遷都が行われる。 恭仁京（740）→難波宮（744）→紫香楽宮（744）→平城京（745） 数年にわたる天候不順から飢饉が起こる。 政情不安が続く。
天平 15 年	（743）	「盧舎那大仏造立の詔」を紫香楽宮で発す。
天平 16 年	（744）	紫香楽宮で大仏造立開始するも遷都で中断。
天平 17 年	（745）	平城京で再開。
天平 19 年	（747）	大仏の鋳造を始める。 東大寺の寺号の初見。
天平 21 年	（749）	陸奥国より黄金を貢る。
天平勝宝元年	（749）	大仏鋳造終わる（3ヶ年、8度の鋳継ぎ）。
天平勝宝４年	（752）	大仏開眼供養会。

コラム
東大寺要録――東大寺一二五〇年の歴史を伝える寺誌

『東大寺要録』は奈良時代の創建から平安時代にかけての東大寺の寺誌。編者などは未詳であるが嘉承元年（一一〇六）頃に成立したとされる。元来は本願章、縁起章、供養章、諸院章、諸会章、諸宗章、別当章、封戸水田章、末寺章、雑事章の一〇章から構成されていた。長承三年（一一三四）に観厳によって増補、再編集され、全一〇巻の巻子本に改装された。これらの原本は伝来せず、新禅院寛乗（聖守《しょうじゅ》）が仁治二年（一二四一）に書写した古写本がある。現在東大寺には、これと同系統の古写本を文明一七年（一四八五）に順円が書写した袋綴装の写本が九冊伝わっている。なお、仁治二年の古写本のうち二巻が京都醍醐寺に伝わっている。

『東大寺要録』に続く東大寺誌として鎌倉時代の復興記録を中心とした『東大寺続要録』がある。

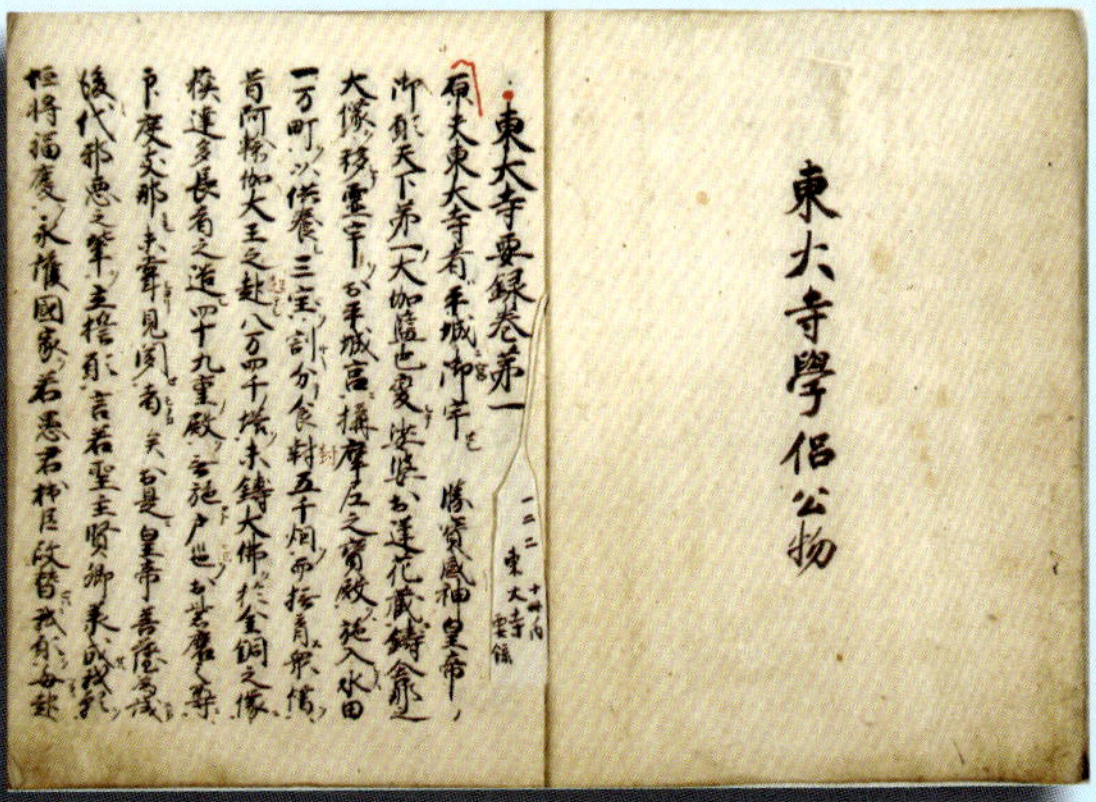

東大寺要録　本願章
1 冊　紙本墨書　縦 28.0cm　横 21.9cm
室町時代　文明 17 年（1485）　重要文化財

と考えられており、天平十年頃発願の光明皇后ゆかりの福寿寺の所在地も含めて今日まで明確な解答は得られていないのである。新たな判断材料を得て東大寺前史について再び議論が沸き起こっている。

◉大仏造立の地

ところで、『要録』にもあるように、金鐘寺には後に東大寺の初代別当となる良弁《ろうべん》が入っていた。良弁は天平一二年（七四〇）一〇月に新羅《しらぎ》に留学し華厳《けごん》を学んだ大安寺の僧・審祥《しんじょう》を招き、金鐘寺にて日本で初めて『華厳経』の講説（研究会）を開始され、以後三年間継続して行われた。金鐘寺が最先端の華厳経研究の場となったことは、後に大仏造立の地としての選定の重要な契機となるのである。

丸山西遺跡

写真：© PPS

二月堂の北の小高い山、丸山の西側林の中に人の手によって造られたとみられる平坦地が存在し、付近には東大寺創建時よりも古い形式の瓦が多数発見された。東大寺の前身寺院に関連する一堂舎の遺跡とみられる。（矢印の場所）

◎創建時の瓦

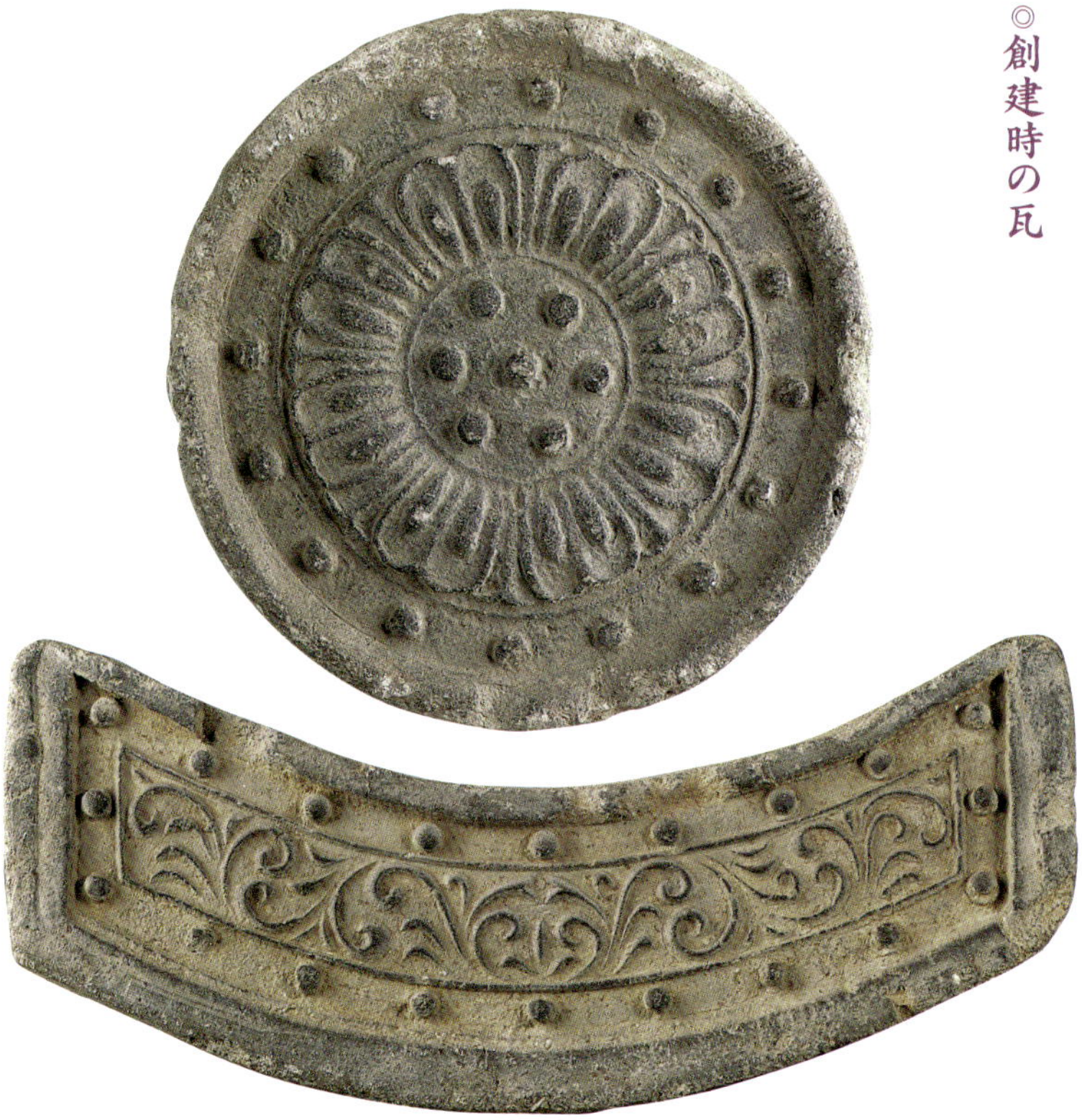

東大寺創建瓦《そうこんがわら》

２個　軒丸瓦：径 19.0cm　軒平瓦：幅 27.2cm　奈良時代　８世紀

奈良時代の創建期、大仏殿や僧坊、西塔院などの諸堂軒先に葺かれていた東大寺式と呼ばれる瓦。軒丸瓦は内側に複弁の八葉蓮華文を、軒平瓦は均整唐草文を飾る。外側には軒丸瓦、軒平瓦ともに連珠文をめぐらしている。

法華堂《ほっけどう》（三月堂）

寄棟造　本瓦葺　桁行五間　梁行四間　国宝
写真：矢野健彦／奈良市観光協会

屋根には恭仁京造営初期と同じ瓦が用いられており、法華堂瓦葺の上限を天平 12 年（740）ごろに置くことができる。ただし『東大寺要録』では天平 5 年（733）の建立、天平 18 年（746）には法華会を始修したとある。『正倉院文書』では法華堂（羂索院）の初見は天平勝宝元年（749）である。現在の礼堂は正治元年（1199）、寄棟造、本瓦葺に改築された。

東大寺の変遷

金鐘山房	基親王の菩提を弔うために建立 良弁が在住
↓	
金 鐘 寺	
↓	
金光明寺	国分寺→盧舎那仏の工事を再開
↓	
東 大 寺	

東大寺人物伝 1

良弁《ろうべん》（六八九～七七三）

持統天皇三年（六八九）の生まれ。生国は相模国《さがみ》とも近江国《おうみ》ともいわれる。当時高僧として知られていた義淵《ぎえん》に師事した。神亀五年（七二八）、基親王を弔うために建てられた金鐘山房の智行僧九人の内の一人に指名された。

天平一二年（七四〇）、金鐘寺に大安寺の僧・審祥を講師に招き華厳経研究を三年間にわたって行い、東大寺の創建の基盤をつくった。

大仏開眼直後の天平勝宝四年（七五二）五月一日に初代東大寺別当に任じられた。天平勝宝八歳、聖武天皇の看病禅師をつとめ、その功績により大僧都、天平宝字七年（七六三）には僧正に補せられた。宝亀四年（七七三）閏一一月一六日に八五歳で没した。

赤子の頃に鷲にさらわれ、二月堂前の大杉（良弁杉）に置き去りにされた。その後、義淵に育てられ、三〇年の月日を経て母親と再会を果たしたという伝説も残されている。浄瑠璃や歌舞伎の「二月堂良弁杉」はこれを題材としている。

良弁僧正坐像《ろうべんそうじょうざぞう》

木造　彩色　像高 92.4㎝
平安時代　9 世紀　開山堂安置　国宝

開山堂内の八角厨子に安置され、毎年 12 月 16 日の良弁忌の日に開扉される。カヤの木の一木造で長く秘仏として伝えられたため、朱と緑の衣の彩色がよく残る。手に持つ如意は僧正遺愛の品と伝えられている。背筋を伸ばし、正面を見据える姿に東大寺の創建という巨大プロジェクトの一翼を担った力強さが感じられる。

◎前身寺院からの安置と伝わる

不空羂索観音立像《ふくうけんさくかんのんりゅうぞう》

1軀　脱活乾漆造　彩色　漆箔　像高 362cm　奈良時代　8 世紀　法華堂安置　国宝　写真：井上博道

三目八臂の変化観音像。巨大な脱活乾漆造であり充実した体軀が迫る。正面合掌手には宝珠を捧持している。不空羂索観音とは宝珠の卓越した力を象徴する観音である。尊像を安置する法華堂は、元は羂索院と言われ、その名の初見は天平勝宝元年（749）であるから本像はそれより以前の製作になる。現在は八角二重基壇上に日光・月光菩薩像とともに三尊を構成しているが、当初はこの八角基壇上の吹き抜け式の宮殿中に安置されていたと推測される。天平を代表する傑作。

2　盧舎那大仏の造立

◉相次ぐ政争と疫病の流行、そして遷都

さて、待望の皇太子が一歳に満たずに亡くなった聖武天皇の治世は決して安定していたとはいえなかった。皇太子の夭折《ようせつ》直後、天平元年（七二九）には政争の一端、長屋王《ながやおう》の変が起こり、天平九年には天然痘《てんねんとう》が流行、当時政治の中枢にいた藤原四兄弟をはじめ多くの人びとが病死した。続いて天平一二年には九州・大宰府《だざいふ》で光明皇后の甥である藤原広嗣《ひろつぐ》が反乱を起こすなど、事件が頻発し、政治的にきわめて不安定な状況となっていった。聖武天皇は平城宮を出て、伊賀、伊勢、美濃、近江の国々を次々とまわり、この年の一二月、山城国《やましろのくに》恭仁《くに》に都を遷すこととした。さらに聖武天皇は翌一三年二月には新都・恭仁京《くにきょう》において「国分寺《こくぶんじ》・国分《こくぶん》尼寺建立《にじこんりゅう》の詔《みことのり》」を出した。

聖武天皇はこの政情不安な状況を仏の教え、仏法によって打破しようとし、国家の災害や国難などを消除することを説く『金光明最勝王経《きんこうみょうさいしょうおうきょう》』を基にした国分寺、国分尼寺（法華滅罪之寺《ほっけめつざいのてら》）の建立[*1]を発願したのである。この詔によって、各国に国分寺、国分尼寺が建てられることとなり、大和では金鐘寺が国分寺（金光明寺　金光明四天王護国之寺）にあてられたのである。国分寺となり、この地では先の華厳経研究に続いて、天平一五年一月から三月にかけて最勝王経の講讃（法要）が四九人の学問僧を招いて行われるなどしている。

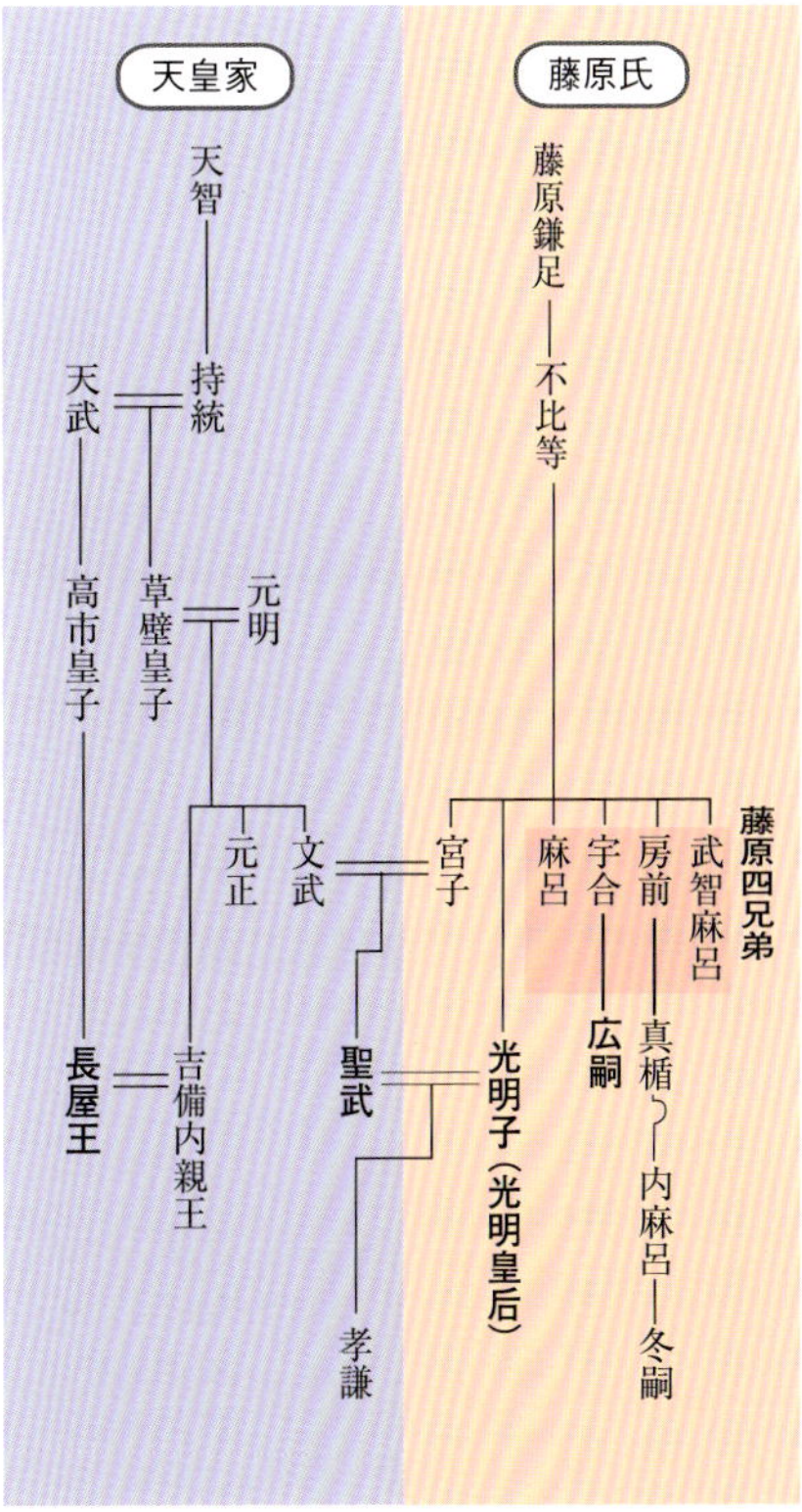

恭仁京の造営が遅々として進まないなか、近江国へ抜ける道が開かれると、天平一四年八月に近江紫香楽《しがらき》の地で離宮が造営され、聖武天皇が行幸《ぎょうこう》した。このようなめまぐるしい宮の造営中の天平一五年一〇月一五日に、紫香楽の地で「盧舎那大仏造立の詔《るしゃなだいぶつぞうりゅうのみことのり》」が発せられたのである。

◉民衆に協力を求めた大仏造立の詔

この詔の中で聖武天皇は、天皇が有している天下の富や勢を使って大仏を造ることは容易なことだ。しかしそれでは大仏に心がないと述べている。これに続いて「自ら念を存し、各盧舎那仏を造るべし」、「人有て一枝の草、一把の土を持ちて像を助け造らんと情《こころ》に願はば、恣《ほしきまにま》に聴《ゆる》せ」と述べ、皆のための大仏として、造立に際し広く民衆に自主的な協力を求めたのである。

東大寺は造営のために「造寺司《ぞうじし》」という公の役所が設けられて

*1　国分寺・国分尼寺は全国65国と3島に建立された。

造営された官立寺院という面を持つ一方で、詔にあるように広く民衆に協力を求めた点でこれまでの官立寺院とは大きく異なっており、後述するように造営後、各時代の修復や復興の際には必ず民衆の協力を仰いでいるのである。

◉大仏造立の動機

聖武天皇の大仏造立の動機の一つは、天平一二年二月に河内国知識寺《ちしきじ》で盧舎那仏を拝したことにあるとされている。知識寺の盧舎那仏はその寺名の通り「知識」（造寺造仏などに資財、労力などを提供すること、またその人）によって造られており、これによったものともいわれている。

先にも述べたように、この知識寺参拝後、一〇月には金鐘寺においで『華厳経《けごんきょう》』の研究が始められている。盧舎那仏は『華厳経』の教主であり、盧舎那大仏の造立には、技術的な研究はもちろんのこと、まず華厳経研究が必須であると考えたからであろう。

『華厳経』の教理には世界に存在するあらゆるものは別々に存在しているように見えるのであるが、実はそれぞれ密接な相関関係の上に融合し調和が保たれて成り立っているというものがある。大仏造立の詔にある「乾坤相泰《けんこんあいやすら》かに万代の福業を修めて、動植咸《ことごと》く栄えんことを欲す」という文言は『華厳経』の世界の表れであり、その実現が盧舎那大仏なのである。

甲賀《こうか》寺跡（紫香楽宮跡）

写真提供：滋賀県甲賀市教育委員会

聖武天皇が盧舎那大仏造立の詔を発した後、最初に大仏の骨組みとなる体骨柱を立てたと推察される甲賀寺の跡。金堂や僧房などの礎石が並んでいる。この地は大正 15 年（1926）に紫香楽宮跡として史跡に指定されているが、平成 12 年に約 2 キロ北にある宮町で宮殿跡とみられる遺跡が発見され、宮町遺跡が紫香楽宮の跡である可能性が高くなった。

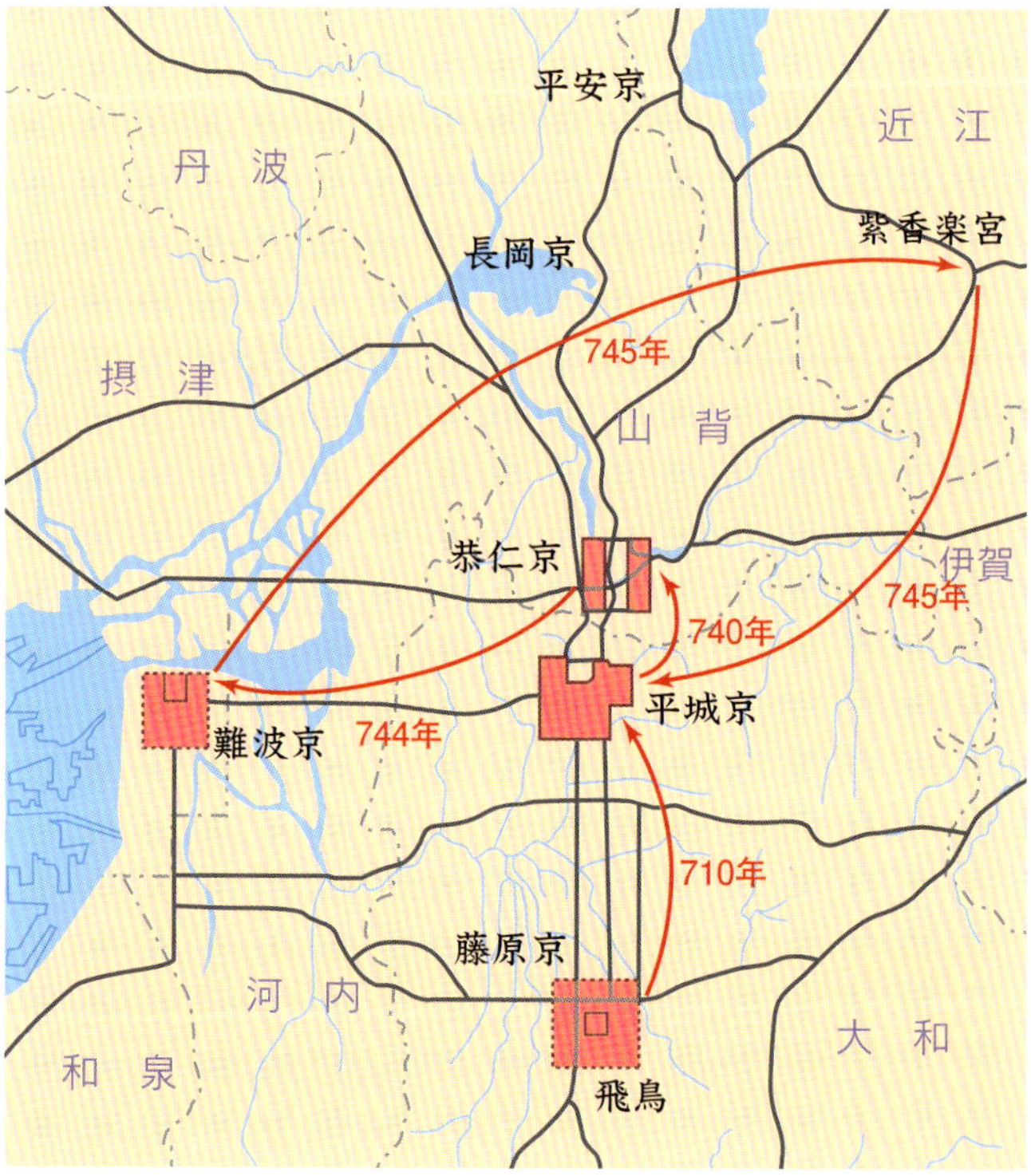

都の変遷

◎盧舎那大仏造立の詔が記された歴史書

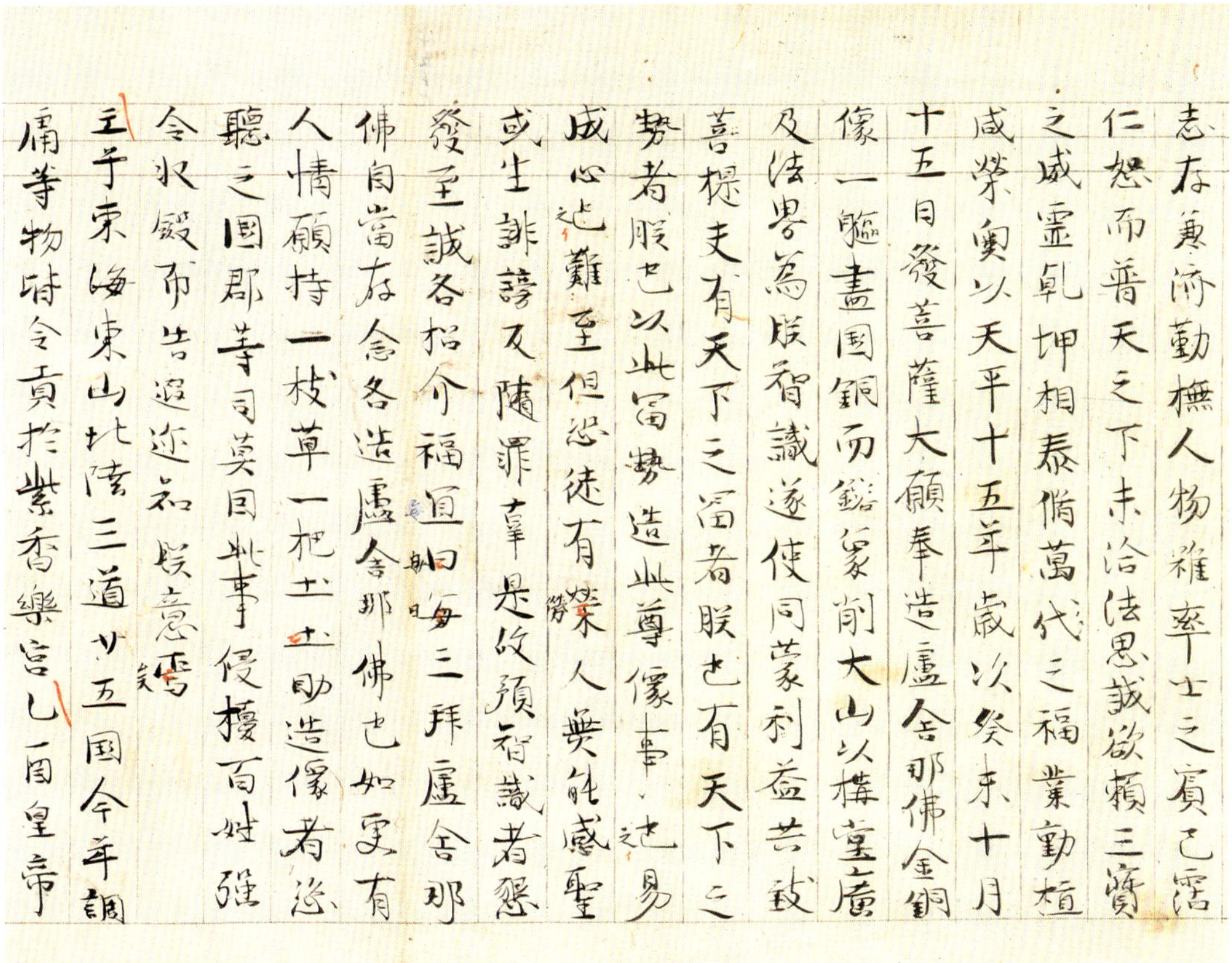
志存兼濟勤撫人物雖率土之濱已霑
仁恕而普天之下未浴法恩誠欲頼三寶
之威霊乾坤相泰脩萬代之福業動植
咸榮粤以天平十五年歳次癸未十月
十五日發菩薩大願奉造盧舎那佛金銅
像一軀盡國銅而鎔象削大山以構堂廣
及法界爲朕智識遂使同蒙利益共致
菩提夫有天下之富者朕也有天下之
勢者朕也以此富勢造此尊像事之易
成心之難至但恐徒有勞人無能感聖
或生誹謗反墮罪辜是故預智識者懇
發至誠各招介福宜毎日三拜盧舎那
佛自當存念各造盧舎那佛也如更有
人情願持一枝草一把土助造像者恣
聽之國郡等司莫因此事侵擾百姓強
令收斂布告遐邇知朕意焉
壬午東海東山北陸三道廿五國今年調
庸等物皆令貢於紫香樂宮乙酉皇帝

『続日本紀』巻十五　大仏発願の詔の条

紙本墨書　縦約30.0cm　鎌倉時代　13世紀　愛知・名古屋市蓬左文庫蔵　重要文化財

『続日本紀』は『日本書紀』に続く勅撰の歴史書で、文武天皇元年（697）から桓武天皇の御代、延暦10年（791）までの国史が書かれている。写真は巻第十五中の盧舎那仏造立の詔の部分。蓬左文庫本は現存最古、鎌倉時代の写本で、徳川家康が所持していたことが知られ、その後、尾張徳川家に伝来した。

盧舎那大仏造立の詔（抄訳）

私が天皇の位を受け継いだ時、すべてのものに慈しみをかけようと想い、人や物、万物を愛し、いたわってきた。

今や私の思いが伝わって哀れみ深く思いやりのある心があちらこちらにあふれている。だが仏法の恩恵は国中に行きわたっておらず、不安なことばかりだ。仏法の力によって動物、植物、あらゆるものすべてが心安らかに暮らせるようにしたいのだ。

この私の思いを現実のものにするために盧舎那仏を造りたい。国中の銅をすべて使い、像を造り、山を削って堂を建てることに協力して欲しい。私が持っているお金や権力を使えば簡単に仏像はできるであろう。それではただの仏の〝かたち〟だけで、私の思いも伝わらないし、反発する者や罪を犯す者を生み、さらに世の中を不安にしてしまうだろう。

私のこの思いに賛同し、一本の草や一握りの土といったわずかなことでも自発的に協力、参加しようと思う者がいれば共に盧舎那仏を造ろうではないか。

役人は私の思いを嵩にかけて人びとを苦しめるような行為をしてはいけない。国中至るところまで私の本当の思いを伝えることをして欲しいのだ。

西大門《さいだいもん》勅額《ちょくがく》

1面　木造　彩色
縦 286.4cm　横 289.7cm
奈良時代　8世紀　重要文化財

西大門は平城京二条大路の東端に西面して建てられた正面五間の門。天平勝宝8歳(756)の「東大寺山堺四至図」にも見える。額面には雄渾な書風の「金光明四天王護国之寺」を刻字し、これは国分寺であることを表している。額縁には梵天・帝釈天、四天王と金剛力士（仁王）像合計8軀を取り付けている。この木彫像は鎌倉時代の修理時に奈良朝の古様を襲って製作し取り付けられたものと考えられている。

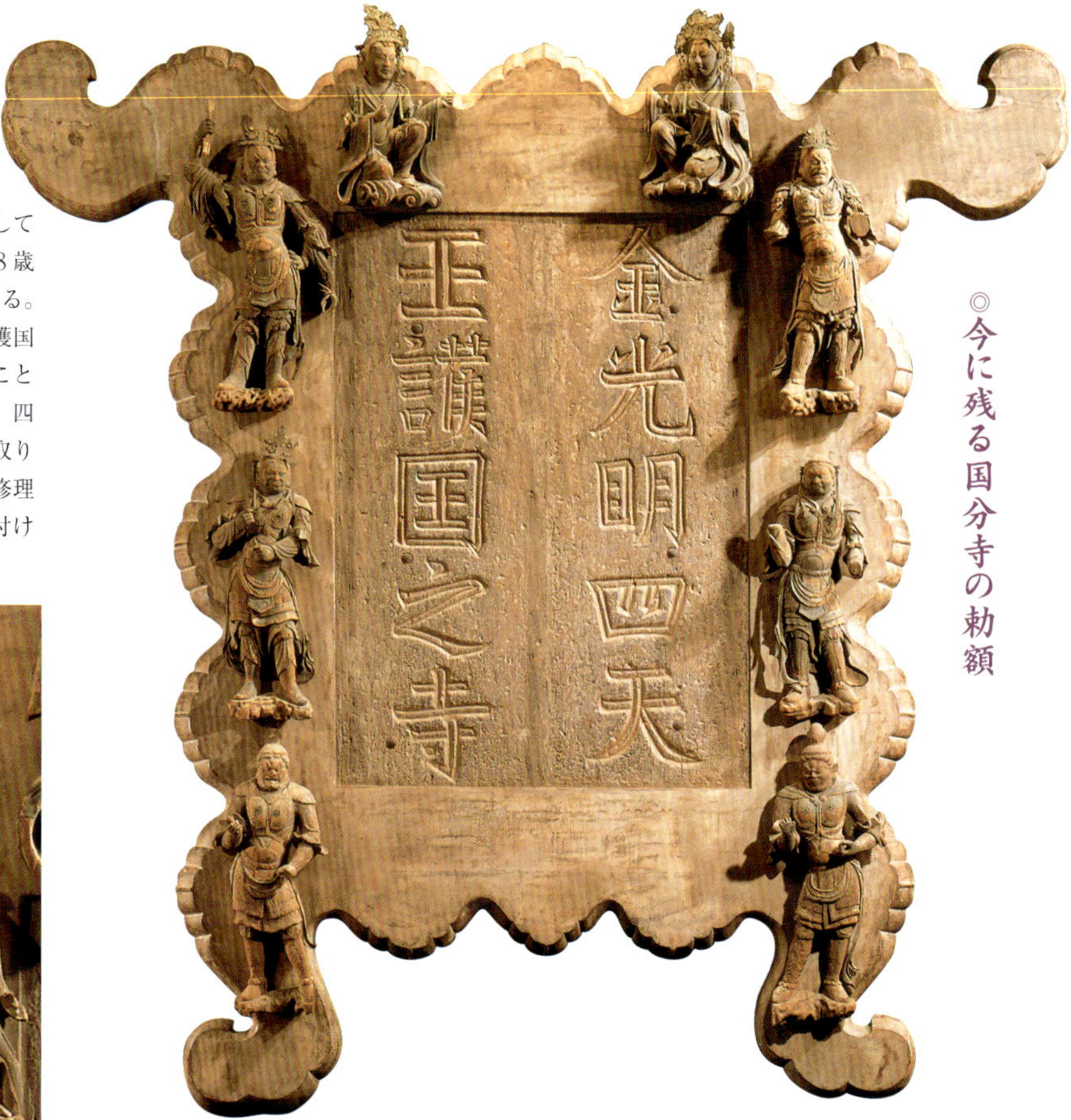

◎今に残る国分寺の勅額

広目天

多聞天

阿形

吽形

◎天平当初の面影を伝える金剛力士

◎山林寺院としての東大寺がよくわかる絵図

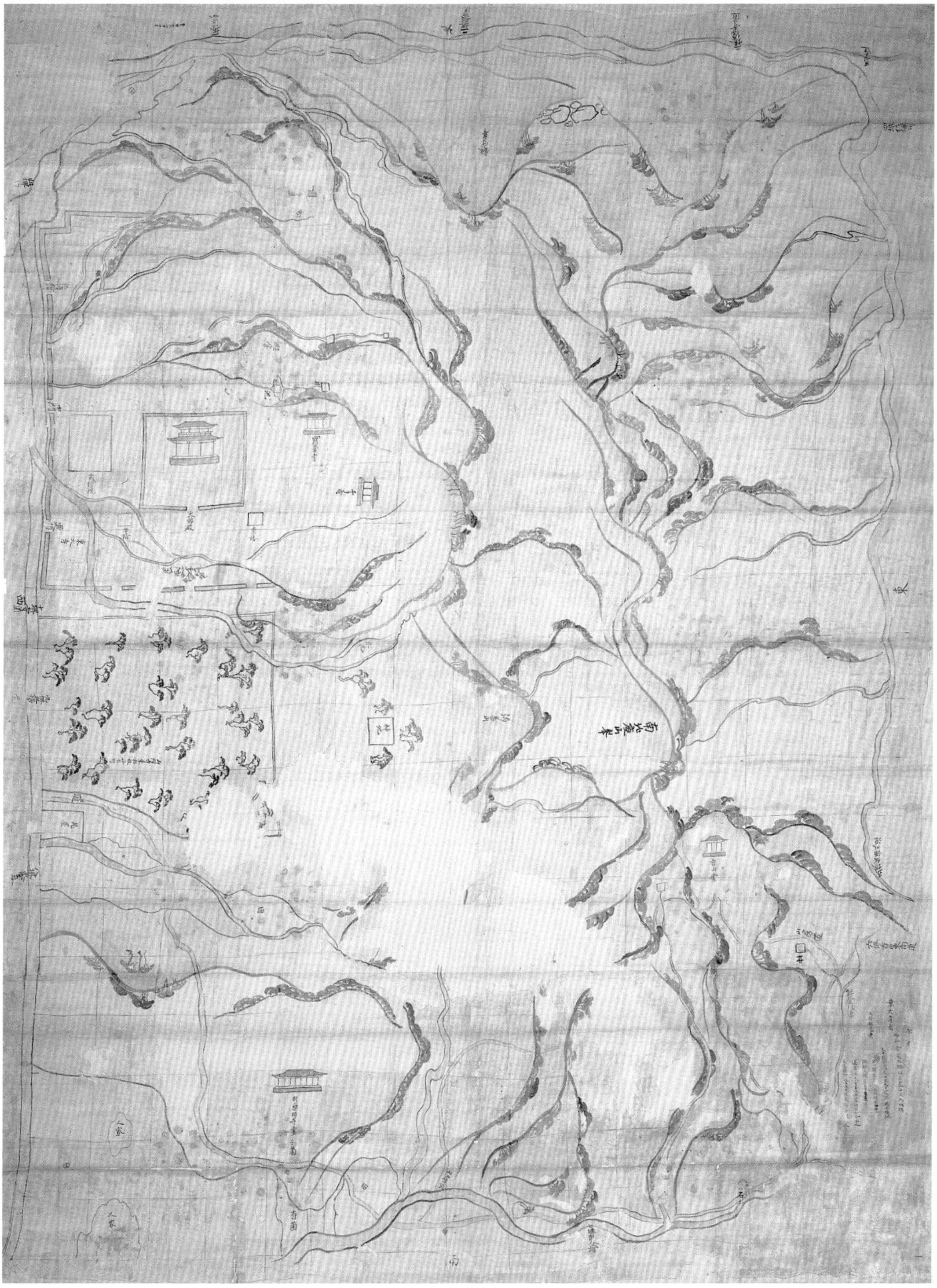

東大寺《とうだいじ》山堺四至図《さんかいしいしず》（東大寺本）

紙本墨画淡彩　縦 299.0cm　横 222.0cm　江戸時代　19 世紀

天平勝宝８歳（756）６月９日の年紀がある絵図の写し。原本は正倉院に保存される。良弁僧正らが聖武太上天皇没直後の東大寺寺地を確認したもので、東は春日奥山、南は新薬師寺辺り、西は東京極大路、北は佐保川で囲まれる広大な地域を寺地としていたことがわかる。現東大寺境内では、大仏殿、羂索堂（法華堂）、千手堂、戒壇院、東西両塔などが表される。

『華厳経』の教えとは？

筒井寛昭

◎大仏様の意味を説く

インドに存在していた『華厳経』の元となる小さなお経（「十地経《じゅうちきょう》」、「入法界《にゅうほっかい》品《ぼん》」）が、中央アジアの于塡《うてん》（ホータン）において編集された。その後、四一八年に梵本の『華厳経』が中国に伝わり、仏《ぶっ》陀跋陀羅《だばっだら》によって六十巻『六十華厳経』として訳され、唐の時代に、実叉難陀《じっしゃなんだ》が八十巻『八十華厳経』として訳した。また唐代の般若は、最後の章に当たる「入法界品」を、四十巻『四十華厳』として訳した。

この『華厳経』は、無限に大きな仏様（盧舎那仏《るしゃなぶつ》）を説いた教えで、一即一切《いっそくいっさい》・一切即一《いっさいそくいつ》、重重無盡《じゅうじゅうむじん》、六相円融《ろくそうえんゆう》、唯心《ゆいしん》などの思想を内容とし、例えば太陽の光がどんな所にでも普《あまね》く平等に照らし出す様子を表したもの。その教主（中心の仏）は盧舎那仏で東大寺の大仏様である。「華厳」の言葉は、一般的には日光の華厳の滝で知られている。江戸時代に「入法界品」の善財童子《ぜんざいどうじ》が旅をする求道物語から、東海道五十三次が生まれたとされている。

◎善財童子の案内で菩提にいたる道を知る

華厳五十五所絵巻《けごんごじゅうごしょえまき》
紙本著色
縦 29.8cm　長 1287.0cm
平安時代　12 世紀　国宝

心清らかな善財童子が文殊の教えを受けて各地の善知識を歴参し、菩薩にいたる道をまなぶという『華厳経』「入法界品」に語られる説話に取材した絵巻。上部には北宋の楊傑作の讃頌を墨書する。この讃頌は入宋求法した高麗義天（1055 ～ 1101）に楊傑が贈ったもの。義天はまたわが国とも交渉がある。筆技が繊細軽妙であり、いわゆる経絵と共通するやさしい表現が見られる。平安後期絵巻の傑作である。

◎個性ある花が一緒に咲き誇れる世界

華厳とは雑華厳飾《ざっけごんじき》（浄《じょう》）を現し、それぞれの花が他に束縛されることなく、自分を主張し、しかもそうしたさまざまな花が調和して咲き乱れ、世界を飾っていることを現している。そうした花々は、人であり、動物であり、植物であり、調和を取ってお互いを認め合って生きてゆく世界が、『華厳経』の目指す世界であると言われている。

『大般若経』の集約が「般若心経」であるならば、『華厳経』の集約は「唯心偈《ゆいしんげ》」という小経である。

心如工畫師。能畫諸世間。五蘊悉從生。
無法而不造。……
……若人欲了知。三世一切佛。觀法界性（應當如是觀）。一切唯心造（心造諸如來）。

心は、巧みな画師がさまざまな姿を上手に画くことができるようなものである。五蘊《ごうん》はことごとく心から生み出されるのであり、心はあらゆる存在を造り出す。

もし人が、三世一切の仏を了《あき》らかに知りたいと思うなら、法界の本性を観じるべきである。一切はただ心の造るものである、と。

◎迷いは心の持ちようから

六五〇年に、新羅の元暁《げんぎょう》と義湘《ぎしょう》の二人は、玄奘《げんじょう》に学ぶため入唐を思いたった。二人は東海岸で便船を待つことになったが途中で長雨に遭い、傍の土龕《どがん》に入って雨宿りをして一夜を過ごした。明け方になって、そこが古い墓場で骸骨が散らばっているのに気付いたが、雨は止みそうになく次の夜も土龕の中で過ごすこととなった。真夜中に死者の霊が現れ眠ることができなかった。同じ土龕であり、様子も変っていないにもかかわらず、一夜は熟睡ができ、一夜は熟睡できなかったのは墓地であると知ったからである。心

（識）の持ち方によって、迷いとも悟りともなることを悟った元暁は、入唐を止め義湘と共に国に帰ったという。前項の「一切唯心造」を体感したからではなかったのだろうか。

◎あらゆる人びとから教えを乞う

「入法界品」は、六十巻本では十七巻、八十巻本では二十一巻を費やす壮大な物語で、その量からいっても『華厳経』における重要な位置を占めるものである。

内容は、善財という童子（子供）が、真理の世界に向かって入ってゆく（入法界）物語で、誕生したときには家中宝石で満たされ輝いたという大変裕福な家庭にあったが、悟りへの道を歩もうとしている姿が文殊菩薩の眼に留まり、その指導によって五三人の善知識（指導者）の下を訪れ、法を聞き菩薩道（真理に到達すべき道）を完成してゆく物語である。その善知識の中には、資産家・貿易商・教師・長者・女神・菩薩・遊女・少年など、あらゆる職業、年齢、性別の人びとがおり、その人びとに教えを乞うことは、正に雑華を表しているようである。

3 紫香楽での大仏造立

◉僧行基の勧進

詔の発布後、近辺の二五ヶ国の〝庸〟・〝調〟*1は紫香楽に運ぶこととなり、大仏の造立が紫香楽の甲賀寺で始められた。大仏造立の地として紫香楽が選ばれたのは、政治に関わる人びとの利害が交錯する平城京や恭仁京から離れることはもちろん、物資の運搬や造仏に必要な地形や地質も考えての判断であったと思われる。

一方、大仏の造立に民衆の協力を仰ぐという聖武天皇の思いを実現する役は、当時、各地に池や溝を掘り、橋をかけるなど社会事業を盛んに行い、すでに民衆からの厚い信頼を得ていた行基《ぎょうき》*2が担った。詔が出された四日後、一〇月一九日には弟子たちを伴って勧進に出発している。

大仏の造立は着々と進み、天平一六年（七四四）一一月一三日には天皇自らが綱を引いて大仏体骨柱《たいこっちゅう》（大仏の芯となる木組み）を立てたのである。しかしながらこの頃より周辺の山々で山火事が頻発、地震もたびたび起こった。また世情もなかなか安定せず、聖武天皇は平城京へ都を戻すこととし、大仏の造立も中止されてしまった。

◉東大寺の寺名成立

天平一七年五月に奈良・平城京に還都すると八月には大仏の造立が金光明寺、すなわち金鐘寺の寺域で再開されることとなった。最新の経典研究など活発な仏教活動が行われていたこの地で大仏が造立されるのは至極当然のことであった。大仏造立が金鐘寺の地（大和国添上郡山金里《やまとのくにそうのかみのこおりやまかねのさと》と『要録』に書かれている）で再開されたが、現在、上院と呼ばれる金光明寺《きんこうみょうじ》（金鐘寺）の寺地では、大仏の造立に必要な大きな平地を確保できなかったと思われ、その造成のために現在、大鐘（鐘楼）などがある地域から戒壇院にかけての若草山から続く丘陵の一部を掘削していたことが等高線の調査で判明している。

大仏造立は大仏の原型となる土の像が天平一八年一〇月には完成したと思われ、六日にはその周りで灯を燃やし、数千の僧が脂《し》燭《しょく》を捧げて供養する燃灯供養が行われたと記録されている。その後、銅を鋳型に流し込む鋳造作業が天平一九年九月から天平勝宝元年（七四九）一〇月までの三年間、八度の鋳継ぎを繰り返して行われたのである。

大仏の鋳造が終わったこの年の二月、勧進の役を担った行基は大仏の完成を見ることなく、八二歳の生涯を閉じた。

ところで鋳造が開始された年、天平一九年一二月一五日付の『写経所解』という文書に東大寺の寺名が初めてあらわれてくる。「大寺」とは官営の寺院のことで平城京の東にあることから「東《ひんがし》之大寺《のおおてら》」と呼ばれ、いわゆる通称名がその後定着していったのである。もちろん大和国国分寺である金光明寺（金鐘寺）、大仏、大仏殿を含む新たな伽藍全体を東大寺と呼ぶようになったのであろう。

＊1　庸・調……古代、律令制下での租税の内、庸は人びとに課せられた都での労役の代納物である布や塩などの品、調は人びとに課せられた物納で諸国の産物が主なものであった。負担者自らが都に運ぶこととされた。

◎大仏建立の“四人のキーパーソン”

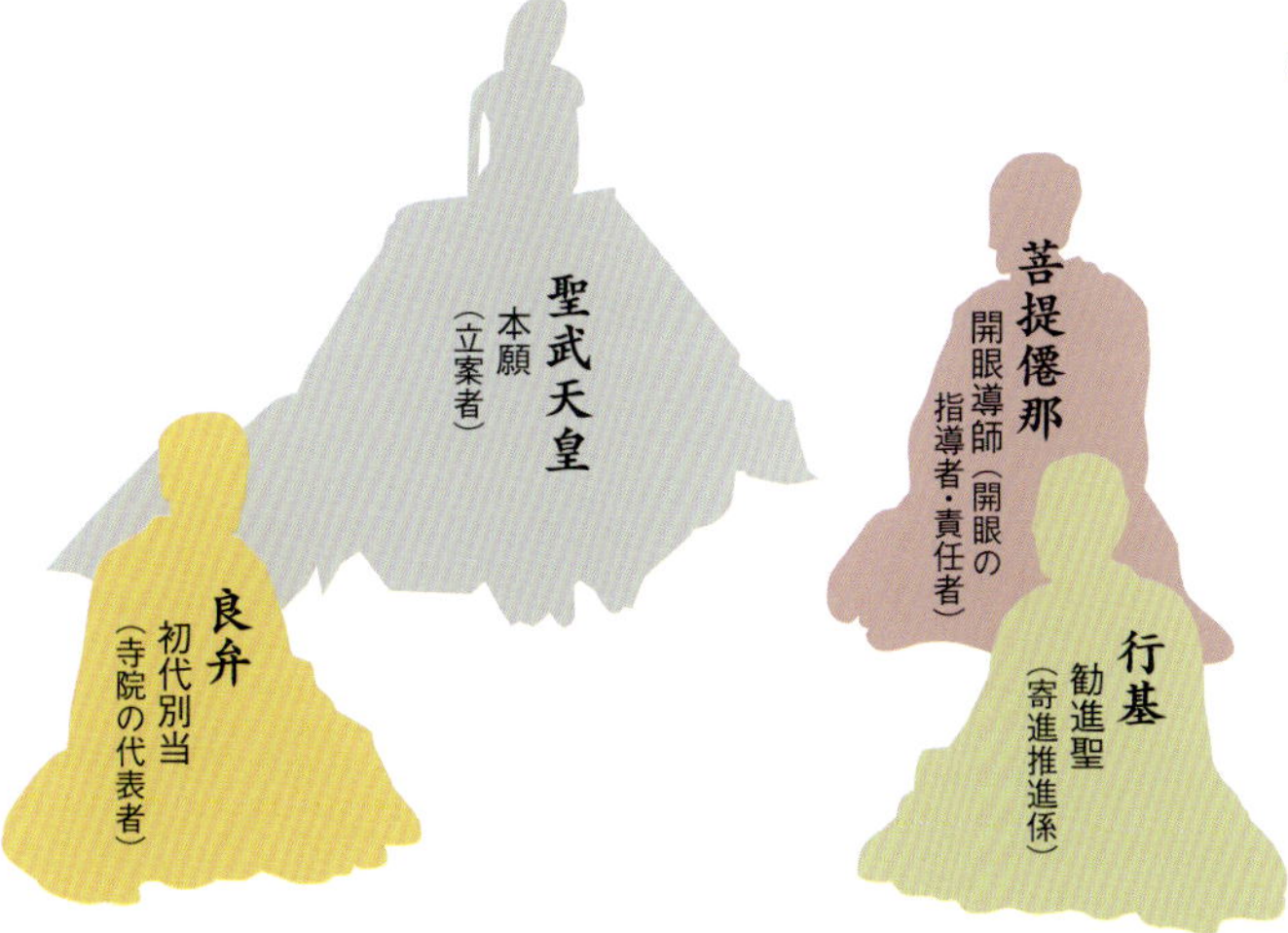

四聖御影《ししょうのみえ》　永和本

1幅　絹本著色
縦 201.5cm　横 153.0cm
南北朝時代　永和３年（1377）　重要文化財

東大寺の創建に関わる４人（聖武天皇、菩提僊那、行基、良弁）を描いた図。東大寺には数種類の四聖御影があるが、正嘉元年（1257）に始められた４人の忌日ごとに行う四聖講の本尊として前年に製作された図は建長本と呼ばれ、写真の永和本は建長本をもとに聖武天皇陵前の末寺・眉間寺の什《じゅう》物《もつ》として永和３年（1377）に製作された。

*2　行基（天智天皇７年〈668〉～天平12年〈749〉）……行基は当初、山林修行で身につけた呪力などで民衆を煽動する僧とされ、布教活動の禁止を命じられていたが、聖武天皇に民衆をまとめる力をかわれて大仏造立に協力した。

絵解き東大寺縁起

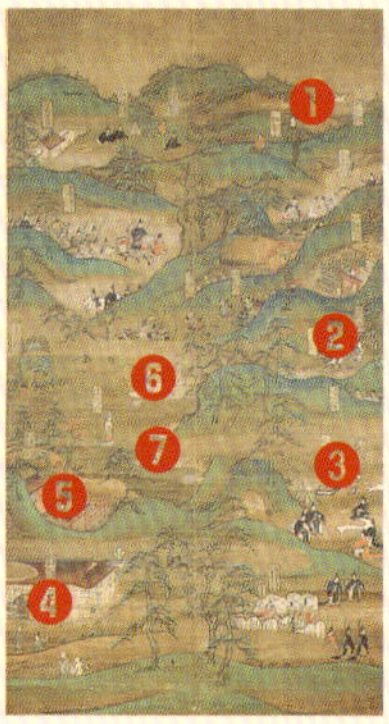

①幼い良弁（金鷲仙人《きんしゅうせんにん》《（こんしゅせんにん）》）が鷲にさらわれ相模国から平城京東山に来て修行した。後に東大寺の寺地を辛国行者と争って勝つ。金鷲仙人の放つ光が宮中に達し、聖武天皇の勅使が遣され、後に聖武天皇も良弁に会う。

②良弁は執金剛神を本尊として東大寺の建立を祈願した。執金剛神は平将門の乱に際して蜂となって将門をこらしめる。

③聖武天皇は大仏殿八角灯籠前で鑑真和上から受戒をする。

④光明皇后が一千日無遮を催し浴室で病人の垢をすった。また皇后は法華寺から東大寺に行啓する。

⑤行基菩薩は伊勢神宮と宇佐八幡宮に参詣し東大寺建立を祈願する。

⑥行基菩薩が難波津でインド僧菩提僊那を迎え、たがいに和歌を贈る。

⑦実忠和尚が難波津で補陀落山《ふだらくせん》観音を祈請すると十一面観音が阿伽器に乗って現れる。

①山容にそって、二月堂、法華堂、手向山八幡宮が見える。

②中央は講堂。その右には俊乗堂・鐘楼と、東大寺別所と思われる阿弥陀堂らしき建物が見える。講堂の左には戒壇院が描かれる。

③大仏殿の廻廊の内側、右下の荷を担う人物に「鯖翁臨會場」とあるところから、図は大仏開眼会を表していることがわかる。したがってこの人物は鯖売翁であり華厳会の際に導師となる。大仏殿廻廊の外側には、東西両塔が建つ。

④南大門は五間二層に描かれる。廻廊も表していて奈良朝の規矩を以て描いたもの。

東大寺縁起

２幅　絹本著色　各：縦 153.8cm　横 83.8cm
鎌倉時代　14 世紀　重要文化財

草創期の東大寺に関わる説話を、自然の景観や伽藍を配した中に表している。向かって右幅には行基、良弁、実忠、菩提僊那、鑑真、聖武天皇、光明皇后などの説話を中心に描き、左幅には大仏殿を中心に開眼会と鯖売翁を、その周囲には二月堂、法華堂、手向山八幡宮、鐘楼、俊乗堂、講堂、戒壇院、阿弥陀堂、東西両塔、南大門などを表している。箱書によって、もとは末寺の眉間寺に伝わったことが知られる。建武 4 年（1337）の『東大寺縁起絵詞』成立前後の作と思われる。

大仏のできるまで

大仏にまつわる数値を見てみよう
『要録』は「大仏殿碑文」を引いて大仏の大きさを書き上げている。

金銅盧舎那仏像一体。結跏趺坐《けっかふざ》高五丈三尺五寸。面長一丈六尺。広九尺五寸。宍髻高三尺。眉長五尺四寸五分。目長三尺九寸。自御鼻前二尺九寸四分。高一尺六寸。人中長八寸五分。口長三尺七寸。頤長一尺六寸。耳長八尺五寸。頸長二尺六寸五分。肩長二丈八尺七寸。胸長一丈八尺。腹長一丈三尺。臂長一丈九尺。肘至腕長一丈五尺。掌長五尺六寸。中指長五尺。脛長二丈三尺八寸五分。膝前　三丈九尺。膝厚七尺。足下一丈三尺。螺形九百六十六箇。高各一尺。各六寸。銅座高一丈。六丈八尺。上周二十一丈四尺。基周二十三丈九尺。石座高八尺。上周三十四丈七尺。基周三十九丈五尺。

また大仏造立の際に使用されたものとして、熟銅（精錬銅）七三万九五六〇斤（約一万三三一二貫　約五〇〇トン）、白鑞（未精錬銅）一万二六一八斤（二二七一貫　約八・五トン）、錬金一万四四六両（四四〇キロ）、水銀五万八六二〇両（二・五トン）と記録している。まさしく、造立の詔にある「国銅を尽くして」のものであった。

なお、金については、当時の日本には『要録』にある必要量の金がなく、良弁などが発見のための祈りを一心にささげたといわれている。はたして天平二一年（七四九）二月に陸奥《むつ》国小田郡で黄金が発見され、これを瑞祥として年号が天平感宝と改元された。ちなみに七月には聖武天皇が孝謙天皇に譲位されて、さらに天平勝宝と改元されている。

また造営に参加した人（知識）として「材木知識五万一五九〇人」「役夫一六六万五〇七一人」などその合計は、約二六〇万人とある。この数字は当時の推定人口の約半数にのぼり、国を挙げての大事業であった。

黄金山産金遺跡《こがねやまさんきんいせき》

宮城県涌谷町　写真：涌谷町教育委員会

宮城県遠田郡涌谷町黄金迫《こがねはざま》に鎮座する神社でこの涌谷の地で金が産出され、大仏に鍍金されたとされる。社殿の裏からは奈良時代の建物跡と「天平」の文字のある瓦片が発見されている。越中守であった大伴家持は産金の報に接し、「天皇《すめろき》の御代栄えむと東なる　みちのく山に黄金花咲く」という歌を詠んだ。

鋳造遺構と戒壇堂

写真：奈良県立橿原考古学研究所

大仏殿の西、戒壇院東側の地下約５ｍ地点から発見された大仏の鋳造に関わる溶解炉の遺構。出土品には溶解途中の銅や炭などが付着しており、成分分析によって、この銅の成分構成は創建時の大仏に使用された銅とほぼ同じで、山口県の長登銅山から運ばれてきたことが明らかになり、文献の記述が裏付けられた。

大仏基礎データ

①像高　14.98 m
②蓮華座高　3.04 ～ 3.05m
③頭頂～髪際　2.57m
④耳の長さ　2.54m
⑤膝の厚さ　2.23m
⑥目の幅　1.02m
⑦口の幅　1.33m
⑧肉髻高　1.37m
⑨肉髻下～顎　5.33m
⑩中指の長さ　1.08m
⑪掌　1.48m
⑫両膝の幅　12.08m
⑬左足の大きさ　3.74m
⑭左の膝～足首　6.8m
⑮顔の幅　3.20m
⑯鼻の高さ　0.5m
⑰蓮華座（上段）直径
18.30 ～ 18.40m

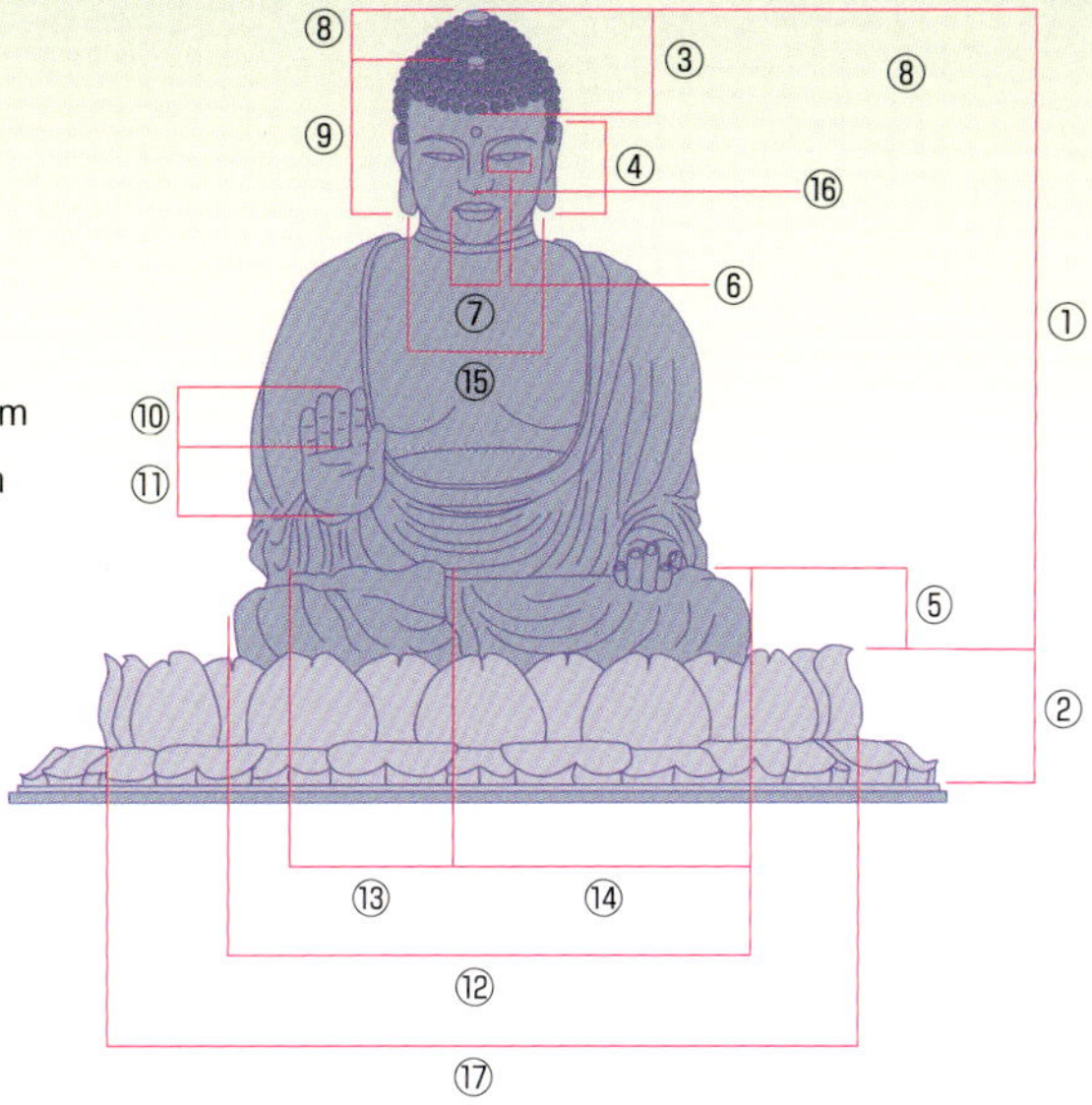

大仏の造り方

①塑像を造る

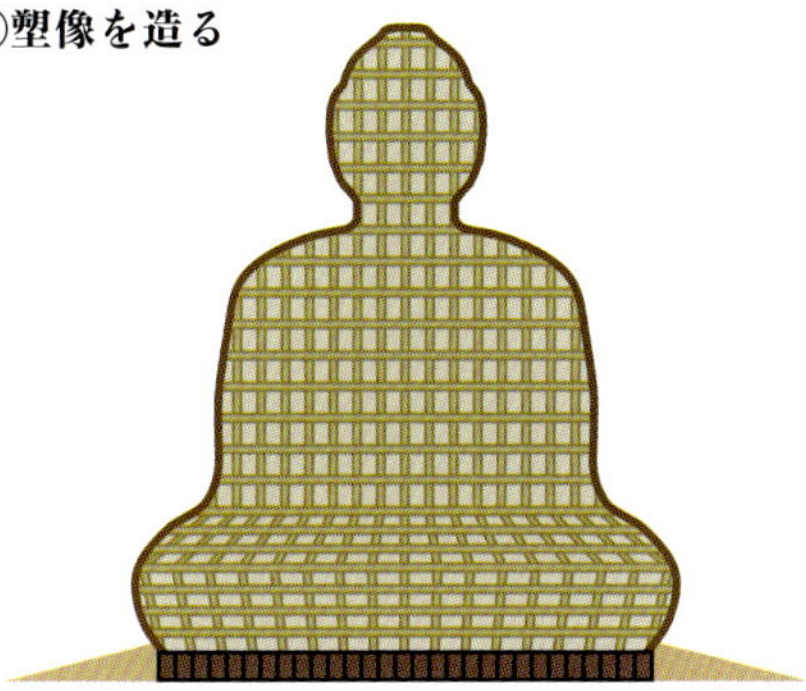

木材や竹などで骨組みを造り、土を塗って塑造を造る。

②鋳型を造る

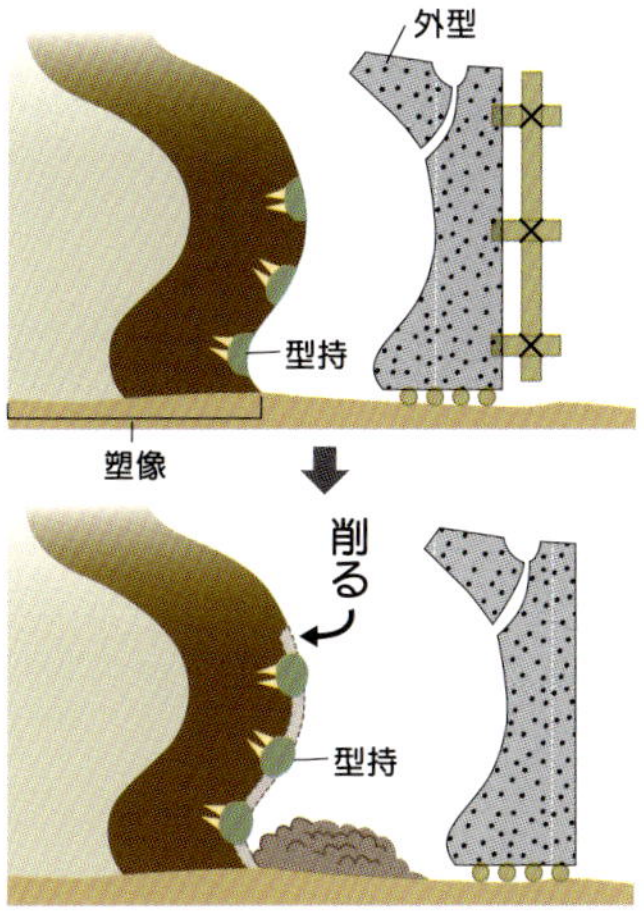

塑像の表面に外型となる土を塗り、それを一度はずす。
型持を埋め込み塑像の表面を同じ厚さだけ削り、鋳型とする。

③鋳型に銅を流し込む

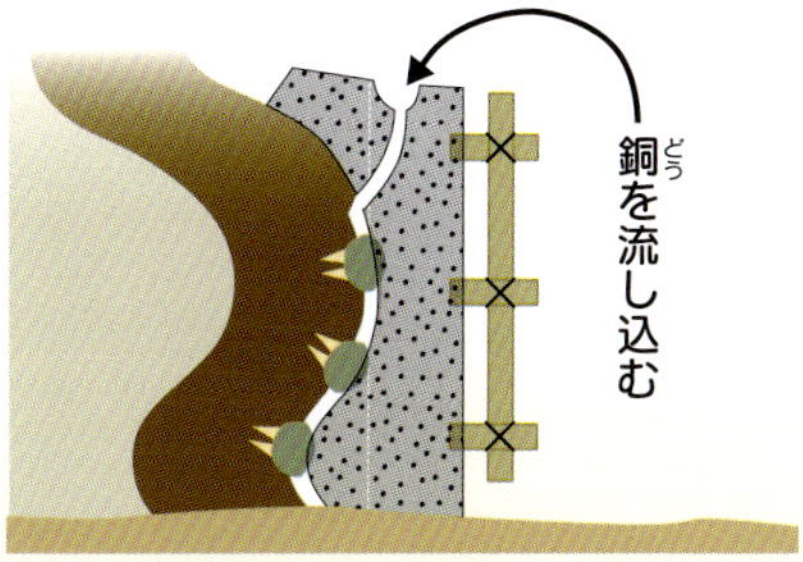

塑造と外型の間にできた隙間に銅を流し込んでいく。

④8回に分けて鋳造する

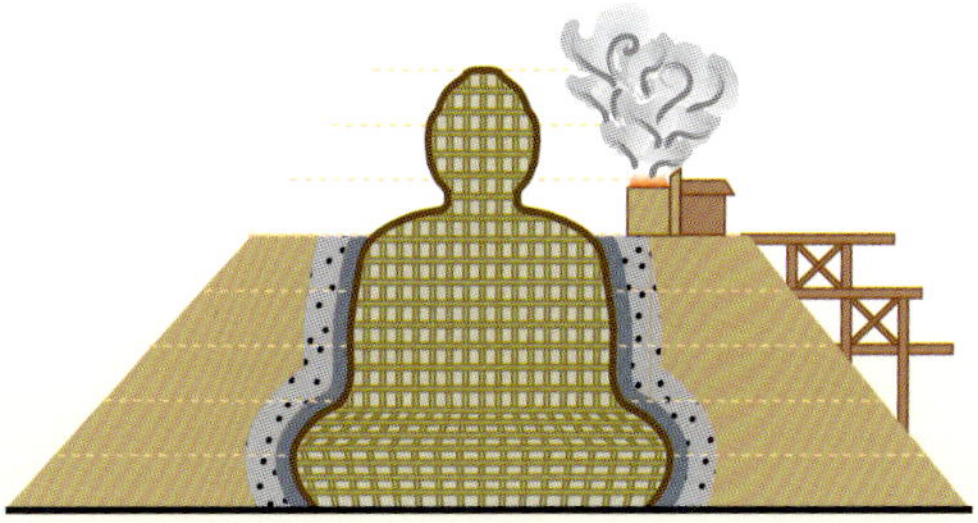

周囲に盛土をしながら、8回に分けて鋳造していく。台座は大仏鋳造後に造られたとされる。

（参考資料：東大寺ホームページ、『東大寺大仏の研究』岩波書店）

第1章

大仏開眼

国際都市〝寧楽《なら》〟の京師《みやこ》に出現した世界最大の木造建造物、大仏殿。開眼供養会には一万人もの僧が参集した。

青丹《あおに》よし
寧楽《なら》の京師《みやこ》は咲く花の
薫《にお》ふがごとく今盛りなり
（『万葉集』巻第三・三二八　小野老）

◆開眼供養会《かいげんくようえ》

◉一日遅れた開眼供養会

大仏の鋳造が終わると螺髪《らほつ》や脇侍《きょうじ》の観音菩薩、虚空蔵菩薩《こくぞうぼさつ》、さらに大仏殿も造営が始まり、天平勝宝三年中には完成した。

大仏の開眼供養会*1については『日本書紀』にいう仏教の日本への伝来年、欽明天皇一三年（五五二）から二〇〇年という節目の年、天平勝宝四年（七五二）に行われることが決定され、日時は四月八日、釈迦の誕生日に執り行われることとなった。しかし実際には翌九日に開眼が行われている。この日程の変更理由の記述はどの記録、古文書にも触れられておらず判然としない。釈迦の誕生日を避けてとか、雨天のためとかの理由であるとされる。

◉国際色豊かな開眼の様子

開眼の筆を執ったのは天平八年（七三六）五月に請われて来日をしていたインドの僧、菩提僊那《ぼだいせんな》であった。開眼筆には縹《はなだ》（紺色）の縷《る》が結びつけられ、それをすでに天皇の位を譲っていた聖武太上天皇、光明皇后、孝謙天皇、文人、武官、一万人の僧など参列者が持ち、ともに開眼したのである。

開眼に続いて『華厳経』の講説、さまざまな楽舞が奉納された。

『要録』には唐楽《とうがく》、高麗楽《こま》、林邑《りんゆう》（ベトナム）楽などさまざまな楽、舞の名がみられる。また『続日本紀』には「仏法東帰してより斎会《さいえ》の儀、未《いま》だ嘗《かつ》て此《こ》のごとくの盛なることあらず」（仏法が伝来してこのかた、これほど盛大な儀式はなかった）とあり、国際色豊

少年に身をやつし大仏建立を助けた千手観音
（『東大寺大仏縁起』中巻より）

*1　開眼……仏像に眼を点じて魂を入れること。東大寺の大仏は創建時をはじめ、復興のたびに開眼供養が行われている。

東大寺大仏縁起《とうだいじだいぶつえんぎ》　中巻　大仏開眼

芝琳賢筆　3巻　紙本著色　縦35.1cm　室町時代　天文5年（1536）　重要文化財

「大仏縁起」とも言われる絵巻。東大寺草創の四聖（聖武天皇、菩提僊那、行基、良弁）の説話にふれ、次いで大仏および大仏殿造立の経過、開眼供養、さらに治承の兵火と再興などを3巻全17段に描いている。建武4年（1337）成立の『東大寺縁起絵詞』20巻から要所を採る。各巻に奥書があり、詞は後奈良天皇、青蓮院宮尊鎮法親王、東大寺公順の執筆、絵は南都絵所の芝琳賢が描いたことがわかる。図は、大仏鋳造のために銅が不足したが、1万人の僧侶の柄香炉を溶かして鋳造を完成させた場面。大仏にはまだ鍍金が施されていない。

かで盛大なものであったことが知られる。

◉開眼後の整備事業

大仏が開眼された後も、高さが約一〇〇メートルあったとされる東西七重塔や講堂、それを囲む三面の僧房や食《じき》堂《どう》などの伽藍《がらん》が、平城京から都が遷《うつ》った後の延暦八年（七八九）までに整備されていった。

また金鐘寺以来の仏教研究の場としての伝統は、大仏殿内に華厳《けごん》、三論《さんろん》、法相《ほっそう》、律《りつ》、成実《じょうじつ》、倶舎《くしゃ》の基本経典を納める六宗《ろくしゅう》厨子《ずし》が安置されて、その面目を保った。

奈良時代の東大寺

天平勝宝4（752）	二月堂創建。実忠により修二会が創始される。 大仏開眼供養会。
天平勝宝6（754）	鑑真の授戒。
天平勝宝7（755）	戒壇院建立。
天平勝宝8（756）	聖武上皇崩御。 東大寺山堺四至図の成立。 光明皇后、聖武先帝の遺愛の品を東大寺に施入。
天平宝字4（760）	菩提僊那、大安寺で入寂。 光明皇太后崩御。

1 記録から見る奈良時代の落慶法要

『続日本紀《しょくにほんぎ》』に「いまだかつてないほどの盛儀」であったと書かれるほどの大仏開眼供養会とはどのように行われたのであったのだろうか。『要録』の記録からみてみよう。

開眼会当日の四月九日、大仏殿内は種々の造花や美妙《びみょう》の繍幡《しゅうばん》で美しく荘厳され、堂上には種々の花を散らし、東西には繍の幡が、八方には五色の幡が懸けられていた。まず役僧が南門から入り、続いて輿《こし》に乗って開眼導師・菩提僊那が東から入り、『華厳経』を講説する講師 隆 尊《りゅうそん》が西、読師延福《えんぷく》が東から入った。すでに聖武太上天皇、光明皇后、孝謙天皇は大仏前に着座しており、皆が幄舎《あくしゃ》に着座すると菩提僊那が大仏の前に進み出て、約二〇〇メートルにも及ぶ縹《はなだ》色の縄、縷《る》が一端に結ばれた開眼筆を執って大仏の眼睛《がんせい》を点じた。聖武太上天皇をはじめ参列者は縷を握りしめており菩提僊那とともに開眼したのである。開眼が終わると講師と読師が高座に上がり、『華厳

東大寺大仏縁起《とうだいじだいぶつえんぎ》　下巻　開眼供養　芝琳賢筆　3巻　天文5年（1536）　重要文化財

下巻第三段の天平勝宝4年（752）4月9日の大仏開眼の場面。大仏には鍍金が施されている。大仏殿の中では聖武太上天皇が大仏の正面に坐し、大仏殿の外、八角灯籠横の高台には隆尊（講師）と延福（読師）が坐している。開眼導師である菩提僊那は描かれていないようだ。舞台では舞楽も演じられ華やかな雰囲気を表している。

◎奈良時代の人びとが手にした貴重な法具

開眼縷《かいげんる》（縹縷《はなだのる》）

束の直径45cm
紐の径0.5cm　長約198m
奈良時代　8世紀
正倉院宝物（南倉）

絹糸を藍で染め縹色にし4束を左よりの縄にしている。全長は200メートル近い。付属する付箋に、重さと開眼会に用いられたことが記されている。この縄を開眼筆に結びつけて参集者に持たせて結縁した。

開眼筆《かいげんふで》

管長56.6cm　管径4.3cm　奈良時代　8世紀　正倉院宝物（中倉）

天平勝宝4年（752）4月9日の大仏開眼会に用いられた開眼筆。長大な雀頭筆である。軸は假斑竹。穂先は三段に巻重ね、墨痕がある。開眼会ではインド僧菩提僊那がこれを手にとり開眼の所作をしたとされる。この開眼筆に縷を結びつけ、多くの人びとが手にとって結縁した。なお文治元年（1185）8月28日の再興大仏開眼会では後白河法皇がこれを用いている。

[奉納された主な楽舞]

久米舞《くめまい》	神武天皇が敵を討った際に歌った戦勝の歌（久米歌）に舞をつけたものが始まりと伝えられる。久米氏に伝えられたため久米舞と称されるが久米氏断絶後は平安初期に大伴、佐伯両氏が引き継いだ。
楯伏舞《たてじょうまい》	闕腋《けってき》の打掛（官人が朝廷に出仕する際着用する服）に甲冑をつけて楯と戟を持って舞う歌舞。吉志舞《きしまい》とも。
伎《ぎ》　楽《がく》	推古天皇の時代に百済から伝わった中国・呉の楽。呉楽《くれがく》。鉦、鼓、笛の楽器を使用する仮面舞伎。
唐散楽《とうさんがく》	正倉院宝物の『漆画弾弓』にみられる、中国・漢の琵琶、尺八、鼓などの楽器を使用する曲芸的舞。「蘭陵王」、「撥頭」などの演目があり、現在の「陵王」、「抜頭」につながるとされる。
高麗楽《こまがく》	朝鮮半島の新羅、高句麗、百済から伝わった三韓楽の一つで高麗笛、莫目《まくも》（管楽器）、箜篌《くご》（弦楽器）などの楽器を使用する。
林邑楽《りんゆうがく》	菩提僊那とともに来日した林邑（ベトナム）僧仏哲が伝えたとされ、抜頭、迦陵頻、陪臚などの演目がある。

経』の講説を行った。衆僧沙弥《しゃみ》らが大仏殿院内に入り、大安、薬師、元興、興福の四寺がさまざまな珍しい物を大仏に献じた。次いで供養の楽舞を行う人びとも入り、久米舞《くめまい》、楯伏《たてじょう》舞といった古来以来の和舞、伎楽、唐散楽《とうさんがく》、高《こ》麗《ま》楽、林邑《りんゆう》楽などの楽舞が奉納された。

翌一〇日にも「種々の楽を奏す」とあり、再び楽舞が奉納された。

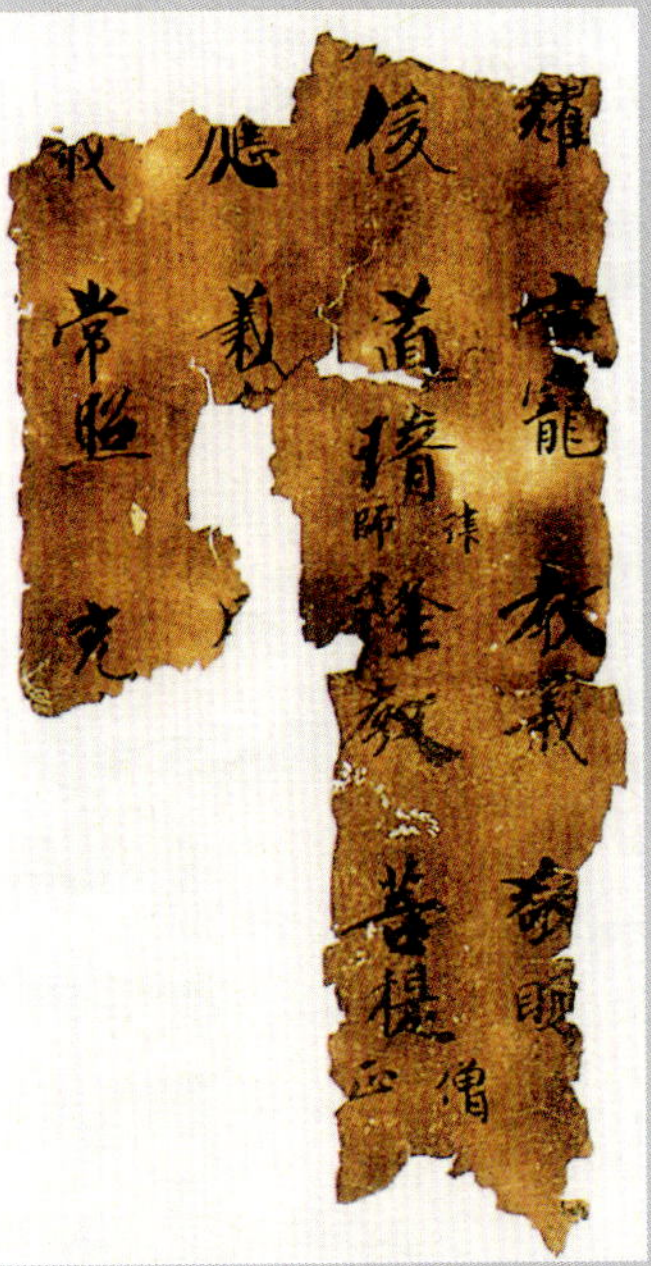

◎参集した一万人の僧侶の名を記す

東大《とうだい》寺《じ》盧《る》舎《しゃ》那《な》仏《ぶつ》開眼《かいげん》会《え》供《く》奉《ぶ》僧《そう》名《みょう》帳《ちょう》

正倉院塵芥文書《じんかいもんじょ》　雑張第一冊　奈良時代　8世紀　正倉院宝物（中倉）

天平勝宝4年（752）4月9日に行われた大仏開眼会に参集した僧の名簿が正倉院に遺っている。『続日本紀』には1万人の僧が参集したとされるが、その僧名がこの文書で具体的にわかる。インド僧菩提僊那（開眼導師）や中国僧道璿《どうせん》（呪願師）の名前も確認される。僧綱に届けられた各寺院からの名簿をとりまとめたものとされ、当時の仏教界を知る上できわめて重要である。

伎楽面

2面　木造　彩色
崑崙：縦 38.6cm　酔胡王：縦 44.6cm
奈良時代　8世紀　重要文化財

天平勝宝4年（752）4月9日の大仏開眼会で演じられた伎楽に用いられたマスク。主として桐で作られ（飛鳥時代の法隆寺面は樟材が多い）、頭にすっぽりと被る。開眼会の伎楽面は東大寺に39面、正倉院に171面が遺されている。伎楽とは東アジアで発生した滑稽味を交えた演劇であり、古代寺院の法会に際して祓えの意味も込めて奉納された。わが国には飛鳥時代に伝来したが、大仏開眼会に演じられた伎楽がおそらく最も盛儀であったのだろう。

酔胡王《すいこおう》

崑崙《こんろん》

◎さまざまな種類の伎楽面が示す国際性

2 大仏と大仏殿

大光明を放ち十方の世界を照らし、
その光明によって衆生を解脱せしめる
別名「光明遍照」と呼ばれる

盧舎那仏《るしゃなぶつ》（大仏）坐像

1 軀　金堂（大仏殿）銅造　鍍金　像高 1498cm
奈良時代〜江戸時代　国宝　写真：井上博道

聖武天皇は天平 15 年（743）に金銅盧舎那大仏造立を発願され、はじめ紫香楽甲賀寺でその造営が計画されたが、天平 17 年（745）には添上郡山金里（現在地）に移して造立が始まる。天平勝宝 4 年（752）4 月 9 日に開眼供養された。国公麻呂《くにのきみまろ》が造仏長官として監督したが、当初の大仏は蓮弁線刻画に見られるようにきわめて唐風の強い姿であったと想像される。平安末期の平重衡《しげひら》の兵火、戦国時代の松永弾正の兵火で罹災《りさい》し大破したが、元禄時代には公慶上人によって修復され今日にいたる。

●蓮弁に刻された蓮華蔵世界

大仏蓮弁の釈迦如来

奈良時代　８世紀　国宝　写真：井上博道

偏袒《へんたん》右肩《うけん》に着衣をつけた釈迦如来が蓮華座に坐して説法をしているのを聴聞の菩薩衆が取り囲む。釈迦からは化仏が現れ虚空に浮かぶ。釈迦の下には25段の区画（三界、すなわち欲界・色界・無色界を表すとされる）があり、さらにそれは小蓮弁中に描かれた須弥山《しゅみせん》世界に重なりその蓮華座をまた大香水海が取り囲む。『華厳経』『梵網経』などから導かれる壮大な宇宙観を表す図様である。台座蓮弁の図様はよく天平期の姿を遺し線描が美しい。天平勝宝9歳（757）の施工と推測される。

大仏蓮弁線刻画復原図　奈良国立博物館蔵

◉創建当時の大仏の様子を伝える貴重な資料

信貴山縁起絵巻《しぎさんえんぎえまき》　尼公《あまぎみ》の巻　大仏殿の場面

1巻　紙本著色　縦 31.7cm　長 1424.0cm　平安時代　12 世紀　奈良・朝護孫子寺蔵　国宝

『信貴山縁起絵巻』は、治承 4 年（1180）の大仏殿罹災以前に成立しているとみられるので、この場面は天平創建時の大仏殿及び大仏の姿を髣髴《ほうふつ》させる図として知られている。正面 11 間に表される大仏殿中の大仏の姿と、その右に四天王の内の多聞天像及び左脇侍の観音像をかいま見せる。一種の浄土図ともみられる表現であり、平安時代後期の大仏の存在意義の大きさを想像させる。

◉創建当時の伽藍の様子

創建時伽藍復元模型

奈良創建時の南北中門や廻廊を含む大仏殿院、東塔院、西塔院および南大門を復元した模型。明治 43 年（1910）にロンドンで開催された日英博覧会に出陳のため、関野貞の原案を元に天沼俊一と当時、大仏殿修理主任技師の加護谷祐太郎の指導で製作された。博覧会終了後に東大寺に譲られ、現在も大仏殿内に置かれている。

◎東大寺の伽藍配置

もともとの東大寺の前身寺院は、いまの法華堂や二月堂のある上院地区あたりにあったものと考えられている。最近の発掘調査などによって、二月堂と小さい谷をはさんで北に位置する丸山地区が金鐘山房に当てられ、この金鐘山房（のちの金鐘寺）が、現在の上院地区にあった福寿寺と合流して金光明寺へと展開し、この寺に聖武天皇（七〇一～七五六）によって大仏が造顕されるに至って東大寺と呼ばれる大寺になった。

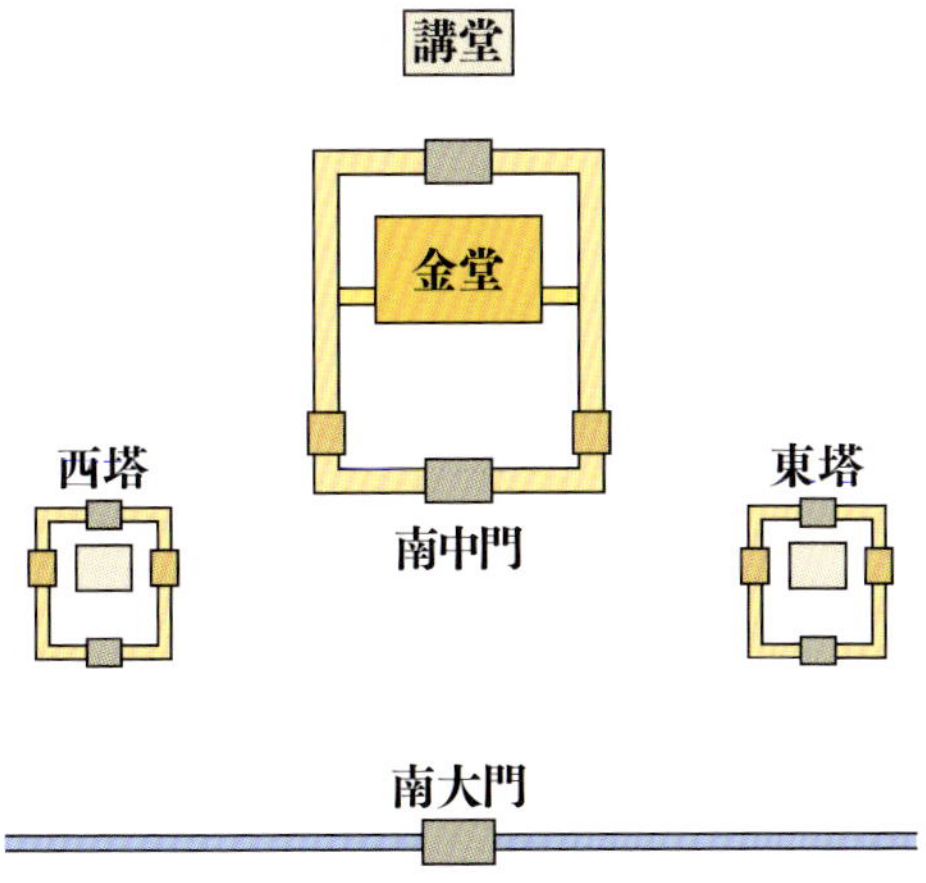

東大寺式伽藍配置

聖武天皇が盧舎那大仏造立の詔を発せられたのは天平十五年（七四三）のことであり、はじめ紫香楽宮で寺地が開かれ（甲賀寺）骨柱が立てられるなど相当に施工が進んだようだが、天平一七年（七四五）平城遷都によって現在地に移る。天平一九年（七四七）には早くも鋳造が始まり、天平勝宝元年（七四九）には大方の鋳造を終わっている。この年から脇侍である乾漆造観音菩薩像と虚空蔵菩薩像が尼信勝、尼善光の発願により造立が始められ、翌々年には完成している。大仏殿も同じ天平勝宝三年（七五一）には完成し、陸奥国産出金で大仏が鍍金されたのは天平勝宝四年（七五二）の開眼会の直前であった。

西塔・講堂・三面僧房・東塔・正倉院などの諸建築が造営され、鑑真来朝による戒壇院、称徳天皇の百万小塔を納めるための東西小塔院なども建立された。正倉院宝庫には奈良朝の殿堂図が保存されている。

コラム 再建とともに小さくなっていった大仏殿

現大仏殿は木造建築では世界でも最大級の大きさであるが、創建時より間口が小さくなっている。

大仏殿は治承四年（一一八〇）と永禄一〇年（一五六七）の二度の兵火で焼失、鎌倉時代と江戸時代に再建された。常に〝旧に復する〟との思いと資材、とりわけ巨木の不足の狭間でさまざまに工夫され、鎌倉時代には〝大仏様〟、江戸時代には、柱は芯木に厚板材を巻き金輪で締めて太さを確保する方法がとられた。鎌倉時代は同規模で再建できたが、江戸時代は資材に資金の不足も加わって規模縮小がされ、現在の七間四方での再建となった。

高さと奥行は二度とも創建時と同規模であるが、これは蓮華座を含めた大仏の高さや大きさがあり縮小はできなかったからなのである。

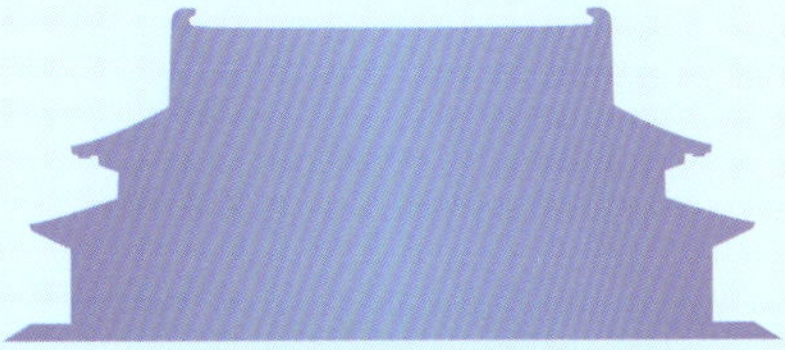

天平創建大仏殿 正面11間＝約88 m
側面 約52 m
高さ 約47 m

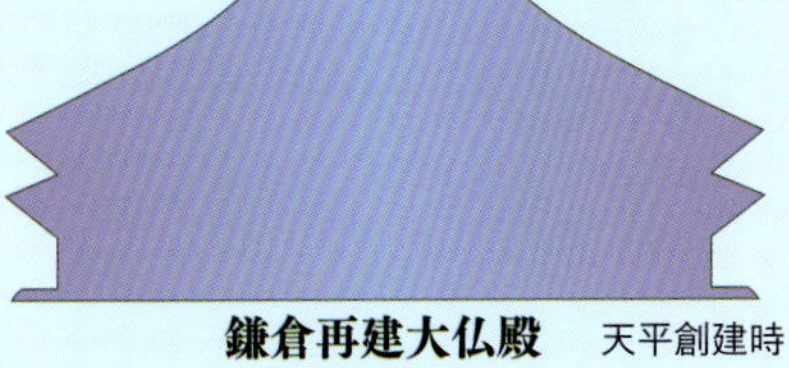

鎌倉再建大仏殿 天平創建時と同規模

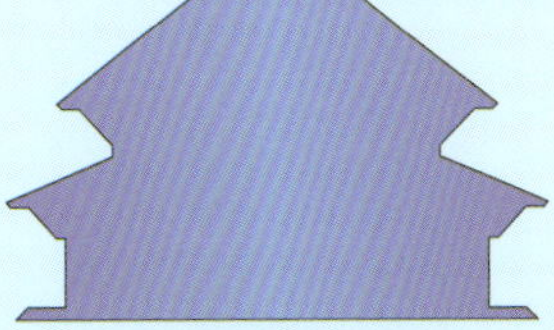

江戸再建大仏殿（現大仏殿） 正面7間＝約57 m
側面 約50 m
高さ 約48 m

3 二月堂の建築

◎二月堂にまつわる説話を描いた絵巻

二羽の鵜

二月堂縁起絵巻《にがつどうえんぎえまき》

２巻　紙本著色　上巻　縦 34.9cm　長 870.0cm　下巻　縦 34.9cm　長 1205.0cm
室町時代　天文 14 年（1545）

実忠による二月堂修二会の創始と、その後の二月堂十一面観音の利益などの説話を上巻六段、下巻九段（それに詞一段）に描き分けている。この説話は最後の一段を除き建武 4 年（1337）の『東大寺縁起絵詞』巻八にすべて含まれている。もとの奥書によればこの絵巻は天文 14 年（1545）に成立し、詞書は後奈良天皇や青蓮院宮尊鎮法親王ほかの貴顕により、絵は南都絵所に属すると思われる亮順によっている。

右図は、上巻第 4 段、実忠の観音悔過行法に遅参した遠敷明神が、詫びとして黒白二羽の鵜に変じ、香水を湧き出させるところ。左図は、下巻第 2 段、承元年中（1207 ～ 11）の頃、過去帳を読んでいた集慶の前に青衣の女人が現れ当人の名が読まれないのを訴えた。それ以後「青衣の女人」の名が過去帳に記され読み上げられるようになる。

◎もとは個人的な悔過所

『要録』によると、二月堂は良弁の弟子・実忠が、大仏開眼の年である天平勝宝四年（七五二）に十一面観音を本尊として悔過《けか》法要を行う十一面悔過所として創建されたとする。十一面悔過が春迎えの法会として二月に勤修《ごんしゅう》されることから修二会、それが行われる堂宇であるので二月堂と呼ばれるようになったのである。その後、平安時代には法華堂を中心とする羂索院に含まれるものと認識されて、その規模を「三間二面庇瓦葺」と記している。これは現在の内陣ほどの大きさであり、それを囲むような外陣や礼堂などの存在は記されておらず、実忠の悔過所という私的で小規模な堂が継承されていたようである。

◎不退の行法としての意識

大仏殿など大半の堂舎が焼失した治承四年（一一八〇）の兵火では附属建物である湯屋《ゆや》や閼伽井屋《あかいや》が焼失したが、二月堂は南端に火がかかったものの大事には至らなかった。

しかし、寺中大半の堂舎の焼失によって修二会自体の存続が危機に瀕してしまい、「同心之輩」一五人の有志によって苦心の末にようやく継続されるに至り、「不退の行法」という意識が生まれたのである。この意識が十一面観音や修二会に対する信仰心を高めさせ、参詣者も次第に増え、ひいては二月堂の拡大につながり、承久元年（一二一九）から嘉禄二年（一二二六）にかけて三面に庇が付けられるに至った。その後、修二会行中に出火することが幾度かあったが、すぐに消火されるなどして大事には至らず、その修造のたびに規模が拡大されて、さらには永禄一〇年（一五六七）の兵火でも焼失を免れ、江戸時代前期までには懸崖《けんがい》（舞台）造りの大規模な建築となったのである。

◎現在の姿は江戸時代の再建

二度の兵火を免れた二月堂であるが、寛文七年（一六六七）の修二会中の二月一三日に内陣から出火し、本尊を残して焼け落ちてしまった。しかし、幕府の援助を受けて「先規に違わず」現在みる姿に再建された。現在の規模は正面（西面）七間、奥行（南北）一〇間の建築で三間四方の内陣を中心に外陣、礼堂、局《つぼね》で構成されている。

青衣の女人

◎創建以来の二月堂にゆかりのある人びとの名前が見える

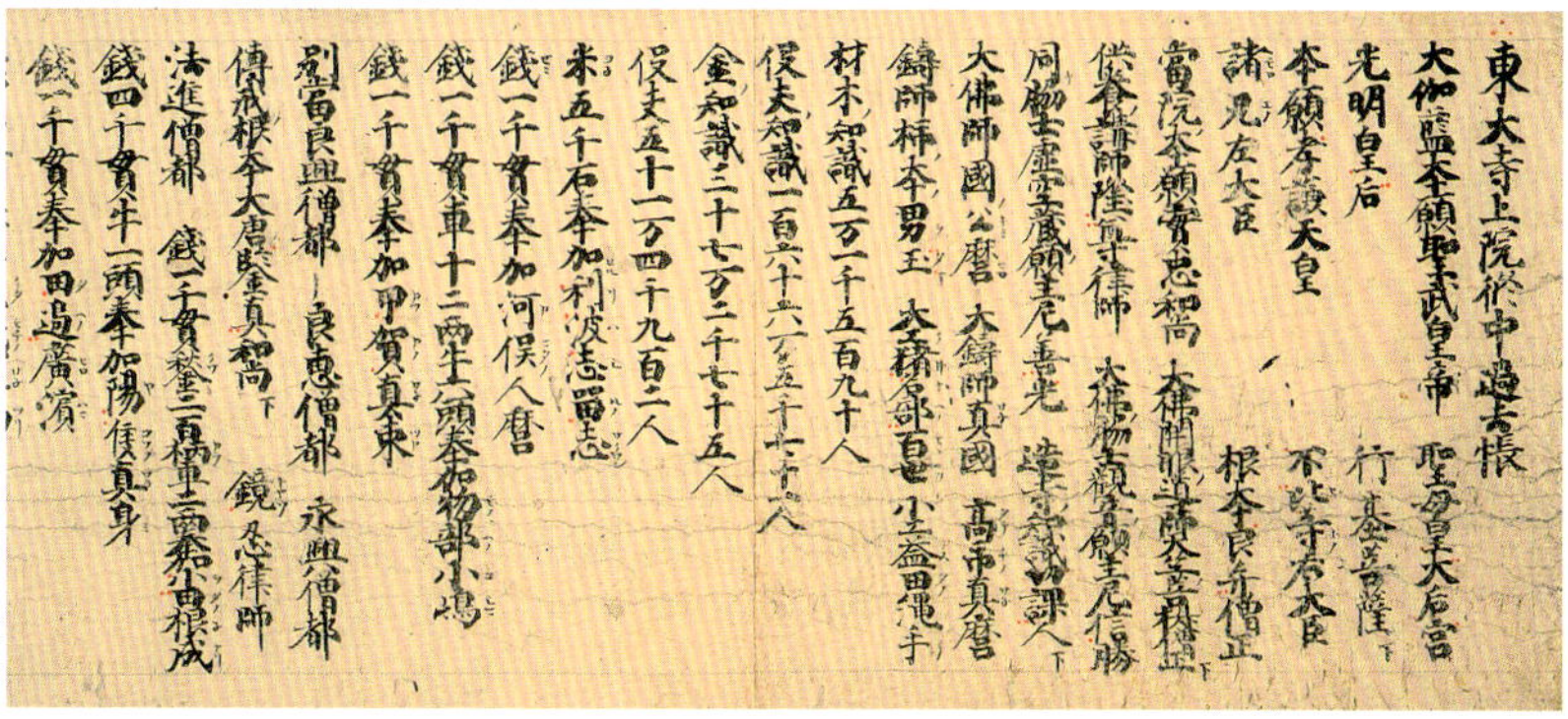

巻首

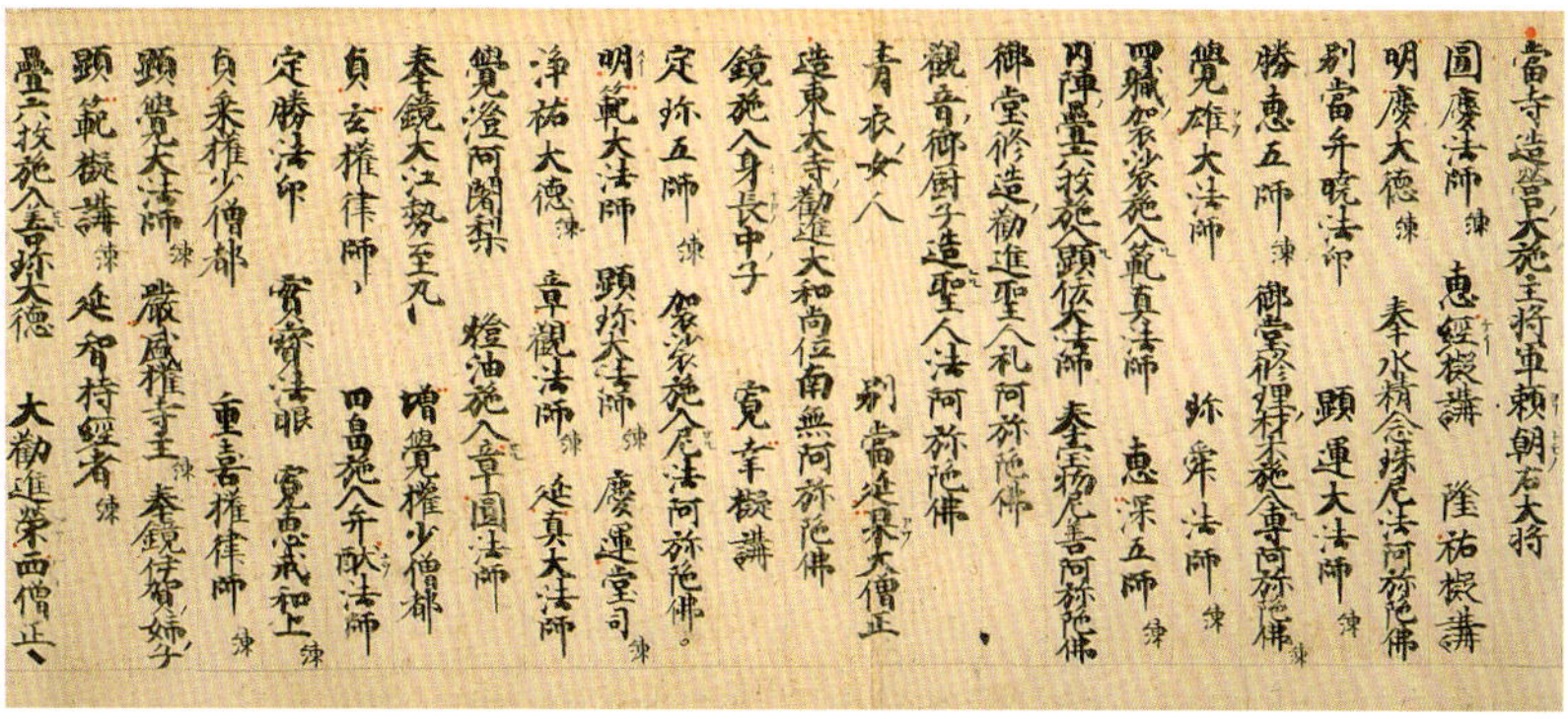

部分

二月堂《にがつどう》上院《じょういん》修中《しゅうちゅう》過去帳《かこちょう》
1巻
縦 28.0cm 長 3436.0cm
室町〜江戸時代

奈良時代の東大寺創建以来、東大寺、二月堂に有縁の人びとが書かれている。創建時の聖武天皇、光明皇后をはじめ、鎌倉時代復興の源頼朝、重源上人（勧進大和尚位南無阿弥陀仏）など歴史に名を残した人びとから袈裟や畳を奉納した人や練行衆に針治療を長年した人などこの過去帳にしか名を残していない人びとも数多く記されている。二月堂、修二会、東大寺が貴賤を問わず、関わりをもってきたことを如実に表す史料である。

東大寺こぼれ話①

青衣《しょうえ》の女人

修二会の行法中、三月五日と一二日には『東大寺上院修中過去帳』が読み上げられる。東大寺の本願・聖武天皇をはじめ、東大寺、二月堂にゆかりのある人びとの名が書かれた「過去帳」であるが、中盤、〝青衣の女人〟と読み上げられる。

承元（一二〇七〜一二一一）頃、過去帳を読み上げていた集慶の前に青い衣を着た女人が現れ、「なぜ、私の名前を読み落とした」と責めた。集慶はとっさに〝青衣の女人〟と読み上げると女人は静かに消えたと伝えられる。これを期に〝青衣の女人〟を過去帳に書き入れ、読み上げるようになった。

読役に当たった練行衆は直前に一度、呼吸を整え、低い声でゆっくりと読み上げる。心身ともに厳しい行法中、立ち入ることのできない場所に謎めいた女性が現れたことに神秘性が感じられるのである。

特集

修二会①

修二会の始まり

筒井寛昭

◎一二五〇年以上続く不退の行法

二月堂で修二会が始められたのは、東大寺大仏が開眼された七五二年のことである。

境内では、伽藍建立の工事が続いており、さながら工事現場の様子を呈していたのではないかと想像できる。そうしたなかで修二会が始まった。

天平勝宝四年（七五二）より、二月堂において十一面観世音菩薩の前で二七日（一四日夜）、六時の法要を行ったと伝え、現在まで一度も途絶えることなく続いている「不退の行法」と言われている。経済的な理由などで、なくなった行事があるにもかかわらず、修二会だけは多くの信者の支持により続けられていることは、過去帳に残っている人びとの名前からうかがい知ることができる。

◎元々は春を迎えるための儀式

修二会の由来は、実忠和尚が笠置山の龍穴（洞窟）で兜率天《とそつてん》四十九院の内の常念観音院での聖衆の行法を拝し、その行法の素晴らしさに打たれ、この地に移したものとされる。

行法が二月に修される（行われる）ことからの名称であるが、二月に行われることについては室町時代中期の『壒嚢鈔《あいのうしょう》』に、この月がインドにおける卯の月で孟春《もうしゅん》にあたり、春のもっとも正しい月であるところからインドの正月にあてられ、春迎えの行法として定着したのではないかとされ、また、立春の法要として春を迎えるために行なわれたともいえる。

◎悔過法要としての役割

奈良時代、南都の諸大寺では、年中行事の中で悔過《けか》法要と呼ばれる法要が行われていた。

悔過とは、練行衆が人びとに代り、本尊に罪過を懺悔《さんげ》し、過去の過ちを悔い改め、罪障の消滅とともに仏（と神）の加護を願う法要である。

お水取り　写真：木村昭彦／奈良市観光協会

お松明　写真：奈良市観光協会

悔過法要は、本尊が吉祥天の場合は吉祥悔過、薬師如来の場合は薬師悔過などと本尊の名前で称され、東大寺の修二会の場合は十一面悔過にあたる。『類聚三代格《るいじゅうさんだいきゃく》』の承和《じょうわ》十三年太政官符には、「人の世にあって、恒に罪と共である。己は三業によって過《とが》をなし、また六根によって咎《とが》をいたす。罪相は縁ずるところ無数、ただ慚愧《ざんき》して我執《がしゅう》の心をすてて解脱すべきである。そうすれば、塵労《じんろう》自から脱するであろう」と記されている。

懺悔文には、「我、昔より造りしところの諸々の悪業は皆、無始の貪瞋癡（むさぼり、いかり、おろかさ）による身口意《しんくい》（からだ、くち、こころ）よりの生ずるところなり。一切、我、今、懺悔したてまつる」とあるように、人びとは、知らず知らずの間に、他（人など）を傷つけ不安におとしめている。仏道に入るには先ず自分自身の行動などを振り返り、仏に懺悔すべしであると記してある。

修二会は奈良時代の神仏習合により、仏教と神道を合わせた行法であり、真言密教が伝えられると、これも修二会に取り込まれ、呪師《しゅし》というような独特の役職が現れてきた。今の修二会の骨子は鎌倉時代に完成したようである。

「一切の衆生に代って、旧年中に犯した罪や過ちを悔い改め、新しい年の平安・豊楽を祈る」という行法には、仏教の懺悔の功徳によって罪を取り除くという思想と、新春を迎えるに当たり、けがれをはらい心身を清めて新たな身体と心で、来る年の豊穣や安穏を祈るという民間信仰の、二つの思想が結びつけられている。こうした点でも、修二会は大佛殿で行われる国家祈願の法要とは少し趣が違い、国家祈願の他にもっと親しみのある一般大衆を包括しての庶民信仰が伝わったものだといえる。

◎若狭を通した大陸文化との関わり

また、修二会中に若狭の井戸（若狭《わかさ》井《い》）から香水《こうずい》を本尊にささげる行事は、東大寺と若狭の関係を物語り、若狭に伝わった大陸の文化が琵琶湖を経て都に伝わったことを表し、文化の入り口と到着点を結ぶ文化の道を示している。また、若狭のワカは、「若い」を表し、サとは「水」のことであるので、若狭とは若水のことで正月に汲む若水を表し、春迎えの修二会と共通点が見出せる。

修二会という行事

筒井寛昭

◎東大寺最大の行事

現在のお水取りは、寺内僧侶の半分近くの一一名が参籠《さんろう》する東大寺最大の行事で、二月二〇日より三月一四日まで二三日の行法である（閏年は二四日）。

行そのものは、実忠の行った二七日（一四日間）であるが、以前は自坊で行っていた別火と呼ばれるものを戒壇院に集まって行うため、二月二〇日より末日までの間も、この行法の中に入る。厳密には一二月一六日に参籠する僧侶の発表があった日から始まる。

◎厳格に定められた作法

修二会の行法は、大きく二つに分けられる。

「前行」（別火）

二月二〇日～二月晦日

本行で使用する物の準備や声明の稽古

（本行のために、一般の人と火を別にして精進する期間。）

「本行」

三月一日～一四日

毎日六回の法要を行う。

この行法に使用するのが紙衣《かみこ》である。

紙衣は、仙花紙と呼ばれる厚手の和紙を絞りそれを糊で張り合わせて反物のようにし、木綿の裏を付けて衣（着物）に仕立てたものである。古来、紙は清浄なものとして扱われていて、紙衣を着ることは清浄な身体になった証しでもあった。また、紙は空気を通しにくく防寒具の役目もしていた。

行法の次第は、次の通り。

●食堂《じきどう》作法・**日中勤行**・**日没勤行**・例時作法・**初夜勤行**・神名帳・大導師作法

●咒師《しゅし》作法・**半夜勤行**・法華懺法（走り行法）・**後夜勤行**・大導師作法・咒師作法

●**晨朝《しんちょう》勤行**

（太字が六時の行法）

修二会は、非常に複雑でその内容を理解するまでには数年かかるほどである。

作法が厳格に堅持されていた例として、決められたとき以外に香水を飲んだり、堂外に出て用便をした、あるいは、称名を間違えたり、走りのときに前の僧を追い越したなど、

初夜松明上堂
写真：植田英介／奈良市観光協会

お松明　写真：奈良市観光協会

コラム 練行衆とは

参籠する僧侶を練行衆《れんぎょうしゅう》とよび、一一人それぞれの役割をもっている。和上・大導師・咒師・堂司・総衆之一・南衆之一・北衆之二・南衆之二・中灯・権処《ごんしょ》世界・処世界と呼ばれる役である。古くは二十数名が参加した事が記されており、交代で行われていたようであるが、現在のように一一名になったのは、江戸時代末頃である。

参籠宿所入りする練行衆
写真：峯明日香／奈良市観光協会

諸々の過ちに対して、五〇〇〇遍の礼拝や退堂が命じられたりしている。

数取り懺悔の礼拝が終わった後に、大導師より「練行の僧といえども、所詮　凡夫であり、ややもすれば、心を乱すものである。それゆえに、今懺悔する、その心をみそなわせ給え」と祈る。人間の弱さを率直に認める部分である。

過去帳読み上げ
写真：植田英介／奈良市観光協会

◎クライマックスは火と水の行法

達陀《だったん》という一二〜一四日に行われるものは、少し趣の異なる行法である。

堂の中で水天・火天が法螺貝《ほらがい》と錫杖《しゃくじょう》の音にあわせて松明《たいまつ》を振り回すもので、『二月堂縁起絵巻』には「実忠和尚が補陀落山《ふだらくせん》からお迎えした観音像を本尊として行法を行っていると、その場に兜率天《とそつてん》より八天が下りてきて種々の神変を行った。その様子を取り入れたものである」と記されている。また、火と水を使う行法は、ゾロアスター教の影響だとも云われている。

宗教民俗学者の五来重先生は、正月の村の豊作と安全を祈る「おこない」の儀式と比較され、その共通点を上げられて日本古来の行事がこの法要に取り込まれていると指摘されている。

追儺《ついな》の儀式として、松明を持った鬼が暴れ周る鬼追い式が各地の社寺で行われているものと共通するとの説もある。

達陀　写真：井上博道

4 鑑真《がんじん》からの授戒《じゅかい》と戒壇院《かいだんいん》の創建

◎鑑真来日の背景

聖武天皇が盧舎那仏造立の詔を出した頃、殺人を犯す僧侶が出るなど、さまざまな問題が噴出、大仏や大仏殿に表された尊厳さや荘厳さといった理想の世界からかけ離れて日本の仏教界は堕落しており、戒律がしっかりと守られていないことが危惧されていた。そこで本格的な戒律、受戒の制度を整えるために唐から戒師を招くことが計画され、その任は遣唐使に託された。遣唐使船に同乗して渡唐した僧、栄叡《ようえい》と普照《ふしょう》は天平一四年（七四二）、揚州の大明寺で当時、唐でも戒律の僧として名高かった鑑真に会い、来日を招請、鑑真は日本で仏教をさらに広めようと来日を決意したのである。

◎鑑真の来日、大仏前での授戒

来日を決意した鑑真は、一二年間、五度の渡航失敗の末に六度目にしてようやく、大仏開眼の翌年、天平勝宝五年（七五三）一二月に薩摩・秋目浦《あきめうら》（坊津）に到着。さらに翌六年二月に平城京に入京、先に栄叡と普照の招請に応じ来日していた道璿《どうせん》や、大仏開眼の導師をつとめ鑑真とも旧知の仲であった菩提僊那らの慰問を受けた。三月には戒壇[*1]の設立と授戒を任せる旨の孝謙天皇の勅を受け、四月五日、大仏殿前に臨時の戒壇を設けて聖武太上天皇、光明皇后、孝謙天皇をはじめとした僧俗に授戒をした。

天平勝宝七歳一〇月には、大仏殿西側にその戒壇を移し、常設の戒壇堂として建立、講堂や僧房なども整備されて戒壇院が創設されていった。鑑真は戒壇院の北側に唐禅院を建て、天平宝字三年（七五九）、後に唐招提寺となる唐律招提を建立して移るまで、ここに止住していた。鑑真が移り住んだ後、戒壇院は一番の弟子であった法進《ほっしん》《ほうしん》が継いだ。

東大寺人物伝②

鑑真《がんじん》（六八八～七六三）

唐の揚州江陽県の生まれ。天平一四年（七四二）、大明寺において本格的な戒律の戒師を求めて入唐した栄叡と普照の招請を受けて来日を決意、五度も渡航を失敗し、六度目にして来日を果たす。天平勝宝六年（七五四）四月、大仏殿前の臨時の戒壇で聖武太上天皇、光明皇后、孝謙天皇など僧俗に戒を授けた。翌年、大仏殿西側に戒壇堂を建立、天平勝宝八歳五月、大僧都に任じられたが二年後の天平宝字二年（七五八）八月、大僧都の職を解かれ、大和上の称号を与えられた。

天平宝字三年、新田部親王の旧邸があった平城京、右京五条二坊の地を与えられ、唐招提寺の前身となる唐律招提を建立、移り住んだ。天平宝字七年五月六日、唐招提寺で入寂した。

鑑真《がんじん》和《わ》上《じょう》坐像《ざぞう》

1軀　木造彩色　像高78.2cm
江戸時代　享保18年（1733）　重要文化財

東大寺戒壇堂は授戒の場として天平勝宝7歳9月に創建され、幾度かの焼失と再興を繰り返して、現在の建物は江戸時代、江戸霊雲院の慧光の勧進活動によって享保18年（1733）に落慶した。本像は東大寺内における戒律復興の一環として唐招提寺にある奈良時代の乾漆像を忠実に模し、落慶と同じ年に製作されたことが台座裏の墨書銘より判明する。本像が安置される戒壇院千手堂では和上の命日である毎月6日には鑑真講式に基づいて法要が営まれる。

*1　戒壇……僧侶が守るべき規範・戒律を授ける場所。東大寺の他、下野国（栃木県）薬師寺、筑前国（福岡県）観世音寺にも設けられ「天下の三戒壇」と称せられた。

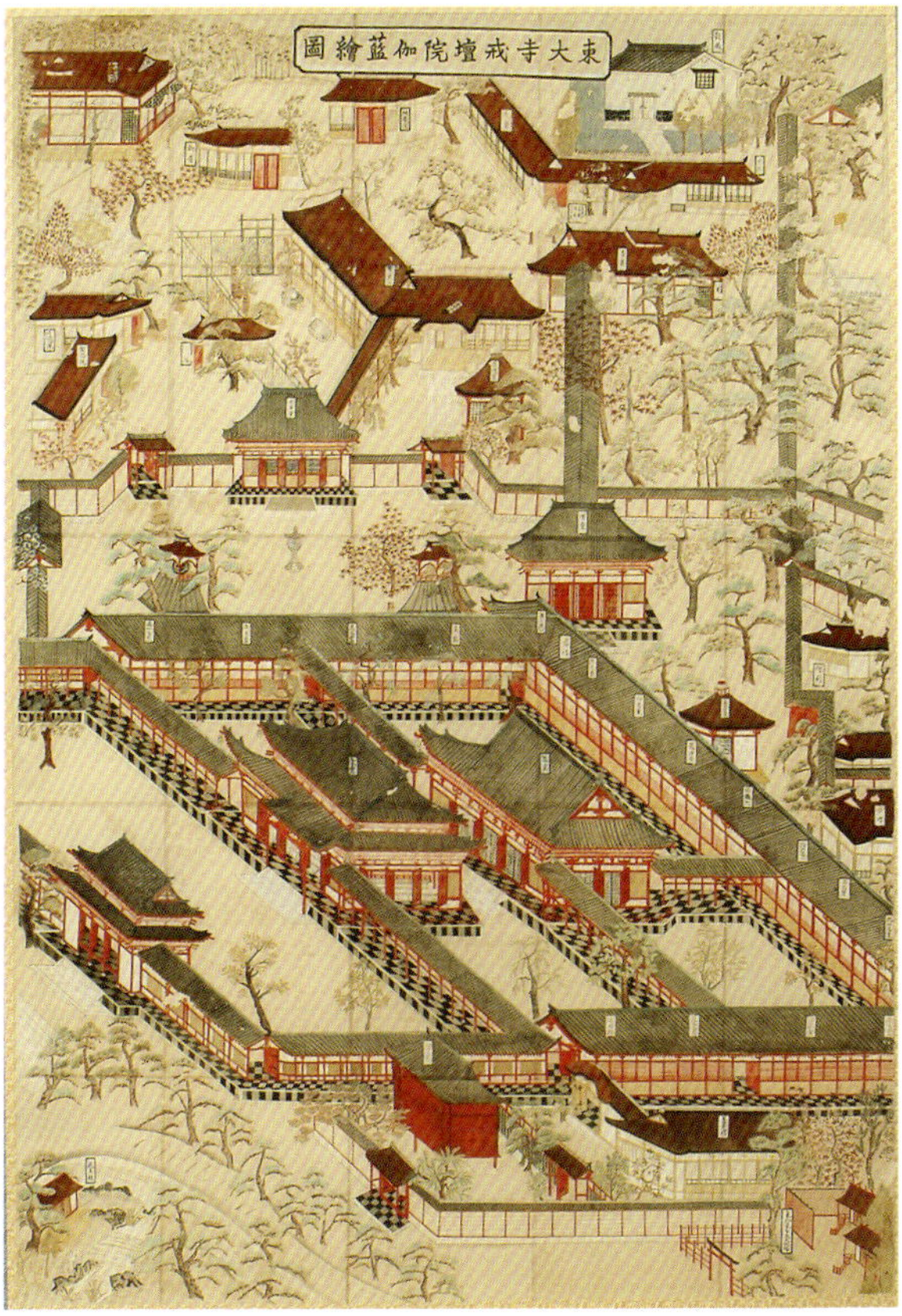

◎一つの寺院を形成していたかのような戒壇院

戒壇堂

江戸時代　享保 17 年（1732）

天平勝宝 8 歳（756）、大仏殿前に設けられた臨時の戒壇の土を移して、大仏殿の西に新たに戒壇が築かれ、戒壇堂が建立された。講堂、僧房などが次々と建てられ戒壇院が形成された。治承 4 年（1180）の兵火をはじめ、焼失と再建を繰り返し、現在の戒壇堂は享保 17 年（1732）に再建され、翌年落慶式が行われた。

東大寺戒壇院伽藍絵図

紙本著色　縦 184.5cm　横 128.8cm　江戸時代

江戸時代に描かれた戒壇院の伽藍を描いた絵図。下の戒壇院指図に描かれる伽藍の様子が立体的でよくわかる。

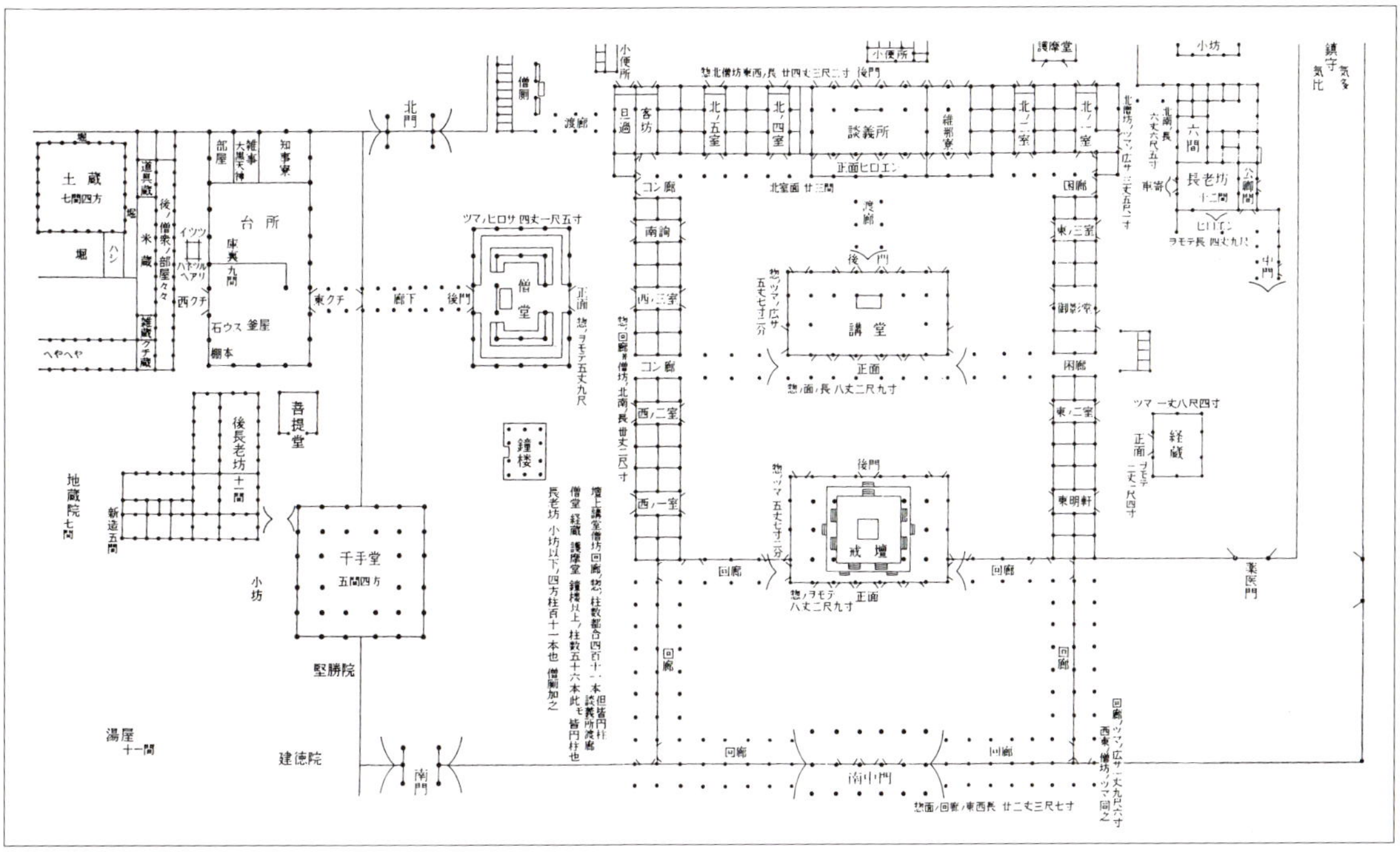

戒壇院指図《さしず》（描き起こし図）

岩波書店『六大寺大観』に掲載の図に横内裕人氏が修正を加えたもの

縦 121.0cm　横 210.2cm　原図：東大寺蔵　室町時代　重要文化財（出典：『東大寺所蔵　聖教文書の調査研究』）

文安 3 年（1446）に戒壇院が焼失後、再建のために作成されたとされる絵図を描き起こした図。戒壇堂（金堂）、講堂、僧房などを備え、あたかも一つの寺院を形成していた。三面僧房北室中央には講論の場としての談義所の名がみえ、戒壇院が学問寺・東大寺の一翼を担う律学研究の場であった様子がうかがえる。

5 奈良時代の文化財

◎当時の工芸技術の高さがよくわかる名品

天平勝宝四年（七五二）の大仏開眼供養会をさかいにして、それより以前のいわゆる東大寺前身寺院の時代に造立された仏像で現存のものは、法華堂の乾漆造不空羂索観音像、塑造執金剛神像、塑造日光・月光菩薩像、戒壇堂の塑造四天王像などがある。いずれもが、唐代の写実主義を反映する強い造形のもので、その製作の背景を考えるとき、相互間に何らかの関係が推測される重要な存在である。

大仏の開眼供養会は、仏教伝来後、最盛儀の法会と称された。開眼会に関連する文化財は伎楽面をはじめとして多種のものが遺る。大仏開眼会前後の盛唐からの新たな文物の流入に加え、鑑真和上の来朝など新知識の渡来が造形に与えた影響も大きい。正倉院宝物からは、当時のわが国がそうした新しい文物知識を最大限に受容しようとした様子がうかがわれる。

不空羂索観音像宝冠《ふくうけんさくかんのんぞうほうかん》及び化仏《けぶつ》

総高 88.2cm　化仏像高 23.6cm　奈良時代　8 世紀　国宝

不空羂索観音から発する光明をイメージしてデザインされたと思われる宝冠。金具はすべて銀製鍍金、ほかに翡翠・琥珀・水晶・真珠・瑠璃など 1 万数千個の宝玉で装飾する。正面の銀製化仏（阿弥陀如来像）は唐草透彫りの光背を負う。宝冠頂上には火炎宝珠を置きその左右に六稜鏡を配し、さらに下縁にはもと水晶玉（宝珠）を載せていたと思われる蓮台形を配しその間を宝相華唐草でつなぐ。宝珠・光明などが造形の重要なキーワードになっている。

音声《おんじょう》菩薩《ぼさつ》　八角灯籠《はっかくどうろう》火袋《ひぶくろ》羽目板《はめいた》（部分）

銅造　鍍金　縦 101.7cm　横 51.3cm　奈良時代　8 世紀　国宝

天平勝宝 4 年（752）の大仏開眼会の際にはすでに造顕されていたとみられる大仏殿前の金銅製八角灯籠の羽目板には、それぞれ跋子《ばっし》、笙《しょう》、竪笛、横笛を演奏する菩薩の姿が浮彫りで表されている。天空にただよう天衣、また散華が表される空間に菩薩像がゆったりと立つ姿である。誕生仏（41 頁参照）の面貌と似通うあたりは製作した工房が近い関係にあることを示すものかもしれない。

◎1300年前から寺の北西を守ってきた

転害門《てがいもん》

三間一戸八脚門　切妻造　本瓦葺　高 10.635m
奈良時代　8世紀　国宝

東大寺西面大垣に開く3つの門の内の北門で、一条南大路に向かって立つ。山堺四至図（15頁参照）では「佐保路門」とあるが、一般には転害門（手貝門、碾磑門、手掻門）と称される。三間一戸八脚門の形式である。鎌倉時代初期の建久6年（1195）に大修理を受けているが大部分は天平期の遺構と認められる。西面中央間だけに組入天井があり、床には小礎石4個がある。これは手掻会の時に手向山八幡宮の神輿がここに据えられるためである。

◎大仏開眼とともに誕生した像

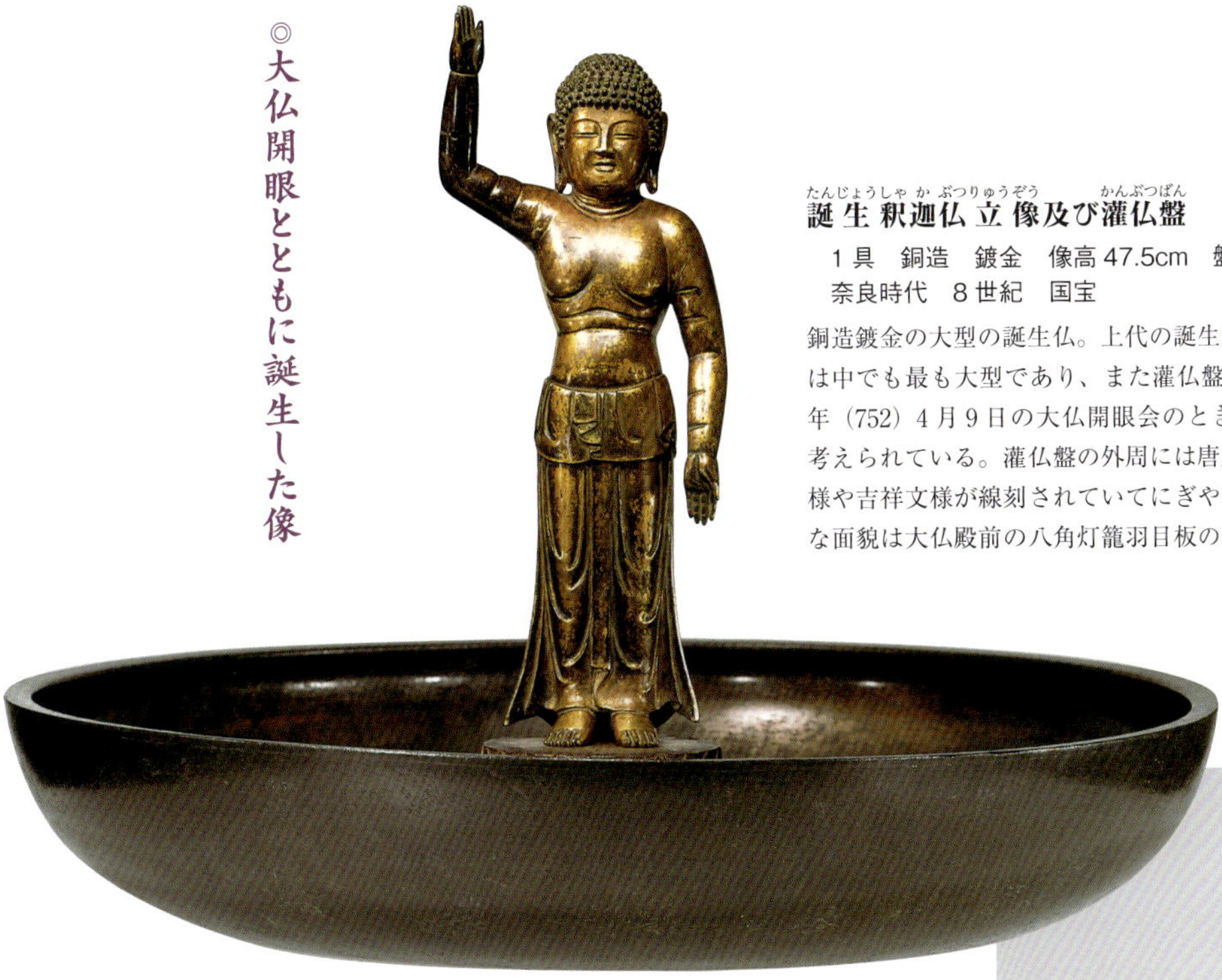

誕生釈迦仏立像《たんじょうしゃかぶつりゅうぞう》及び灌仏盤《かんぶつばん》

1具　銅造　鍍金　像高 47.5cm　盤径 89.2cm　高 15.2cm
奈良時代　8世紀　国宝

銅造鍍金の大型の誕生仏。上代の誕生仏は少なくはないが、これは中でも最も大型であり、また灌仏盤も供えている。天平勝宝4年（752）4月9日の大仏開眼会のときに合わせて造顕されたと考えられている。灌仏盤の外周には唐風に倣った天平期の草花文様や吉祥文様が線刻されていてにぎやかである。釈迦のおだやかな面貌は大仏殿前の八角灯籠羽目板の音声菩薩に近い。

◎聖武天皇の念持仏

菩薩半跏像《ぼさつはんかぞう》

1軀　銅造　鍍金　総高 32.8 cm　像高 18.9 cm
奈良時代　8世紀　重要文化財

もと戒壇院に伝来し、聖武天皇念持仏の如意輪観音像とする伝承がある。菩薩半跏像は7世紀を通して多く造立されたが、それらは全体一鋳で製作されるのが通例であり、本像のように右手前腕部を別に造り鋲留《びょうど》めし、さらに瓔珞《ようらく》、天衣《てんね》、腕釧《わんせん》等も別鋳し本体に取り付けるのはより新しい時代の方法であると思われる。やさしい面貌は白鳳期の菩薩像を髣髴させるが、きちんと整理されまた正面に渦文も表す衣文線は、天平の製作であることを示している。

◎いにしえの文様の宝庫

葡萄唐草文染韋《ぶどうからくさもんそめかわ》

1枚　革製　縦66.7cm　横76.7 cm
奈良時代　８世紀　国宝

箱を包むためのもので、１枚の鹿革を裁断し糊《のり》か臈《ろう》で防染し燻煙によっていぶし染めたと推測される。文様は上面と底面に葡萄唐草文、長側面には荒磯に海波・水禽文《すいきんもん》、さらに霊芝雲に飛鳥文を表し、短側面の一方には鳳凰の留まる樹の左右に隠者の姿を、もう一方には樹木の左右に誦経《じゅきょう》と合掌の２人の比丘《びく》を表している。老荘思想と仏教思想の双方が表現されている。

日光菩薩《にっこうぼさつ》立像《りゅうぞう》・月光菩薩《がっこうぼさつ》立像《りゅうぞう》

２軀　塑造　彩色　像高　日光菩薩：206.3cm　月光菩薩：206.8cm　奈良時代　８世紀　旧法華堂安置　東大寺ミュージアム　国宝

今、不空羂索観音立像の脇侍として安置されるが、初めはおそらく戒壇堂に安置される塑造四天王像と一具として製作された尊像と思われる。中国・唐代の理想的写実主義を十分に理解反映した強い造形美を見せる。日光菩薩像が少し大振りであり、月光菩薩像がそれに比較してやや細身だが、いずれもおだやかな面相と、やわらかく深い衣文線が印象的である。製作当初の彩色もわずかに残り、赤と緑の明るい対比的な彩色や、細かい截金《きりかね》文様もうかがうことができる。法華堂の塑造執金剛神像に少し遅れる頃の製作とみられる。

◎中国唐代の造形と天平の彩りをとどめる

◎良弁《ろうべん》の念持仏と伝わり秘仏として祀られる

執金剛神立像《しゅこんごうじんりゅうぞう》

1 軀　塑造　彩色　像高 170.4cm
奈良時代　8 世紀　法華堂安置
国宝

執金剛神とは金剛杵を執って仏法を守る神王。護法神としては大変に重要な尊格であり、金剛力士（仁王）とは同尊、金剛薩埵とも同体とされている。東大寺の執金剛神像は法華堂須弥壇北側に北面しておかれる厨子中に祀られる。『日本霊《にほんりょう》異記《いき》』によれば、金鷲《きんしゅう》優婆塞《うばそく》（良弁とされる）の念持仏であり、平安初期にはすでに現在のように北面して安置されていた。こうした異例の安置法にはそれなりの理由がなければならないが、それは上院地区における諸堂の成立事情とも関わると思われる。表現様式は旧法華堂日光・月光菩薩像や戒壇堂四天王像などの塑像と近いが、執金剛神像がやや先行して製作されたとみられる。激情をあらわにする表現は迫力にあふれている。また着装上の文様表現もみごとである。同じ法華堂の乾漆像群に施される文様よりも古様とみられる。

◎戒壇堂ゆかりのおだやかな顔の金銅仏

二仏坐像　釈迦如来坐像《しゃかにょらいざぞう》及び多宝如来坐像《たほうにょらいざぞう》

2 軀　銅造　鍍金　像高 ［右］釈迦如来：25.0cm ［左］多宝如来：24.2cm　奈良時代　8 世紀　重要文化財

天平勝宝 7 歳（755）に戒壇堂が建立されたが、その高一丈五尺六重金銅塔内に安置されたと伝える如来形像。『法華経』「見宝塔品」による釈迦・多宝二仏並坐像と推測され、釈迦とされる像は偏袒右肩《へんたんうけん》の着衣に説法印、多宝とされる像は通肩の着衣中に禅定印としている。当寺の誕生釈迦仏にも通じるおだやかな面相を見せるが、段層の明確でない肉髻表現や、衣文のたたみ方などに製作年代がやや遅れる要素がある。現状の金漆文様は享保 18 年（1733）の補彩である。

◎眼光鋭く四方を守護する

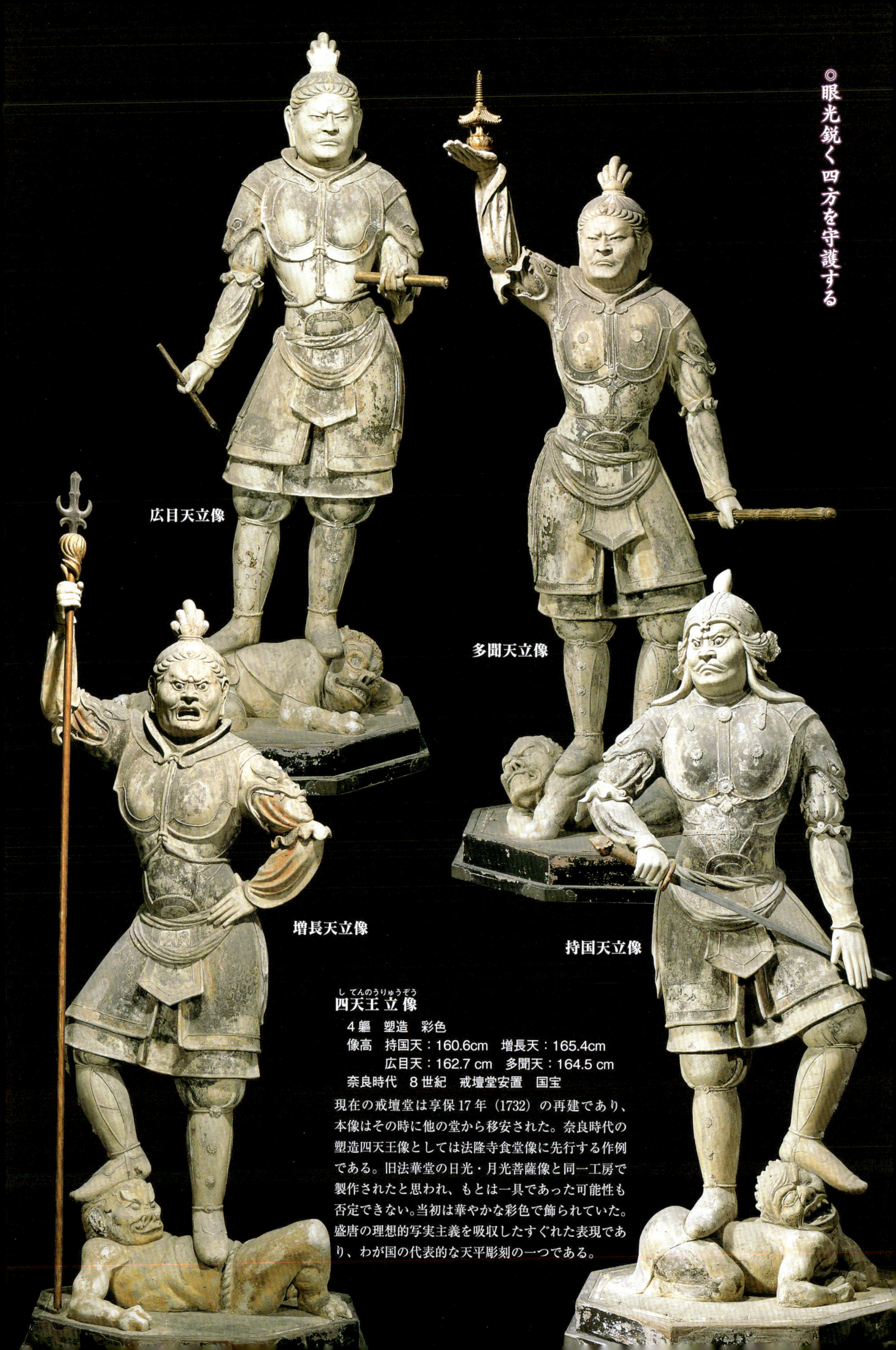

広目天立像

多聞天立像

増長天立像

持国天立像

四《し》天王《てんのう》 立《りゅう》 像《ぞう》

4 軀　塑造　彩色
像高　持国天：160.6cm　増長天：165.4cm
　　　広目天：162.7 cm　多聞天：164.5 cm
奈良時代　8 世紀　戒壇堂安置　国宝

現在の戒壇堂は享保 17 年（1732）の再建であり、本像はその時に他の堂から移安された。奈良時代の塑造四天王像としては法隆寺食堂像に先行する作例である。旧法華堂の日光・月光菩薩像と同一工房で製作されたと思われ、もとは一具であった可能性も否定できない。当初は華やかな彩色で飾られていた。盛唐の理想的写実主義を吸収したすぐれた表現であり、わが国の代表的な天平彫刻の一つである。

6 聖武天皇の崩御～光明皇后と正倉院

◎正倉院宝物の成立

天平勝宝八歳五月二日、大仏造立の悲願を達成した聖武太上天皇が崩御された。光明皇后は四十九日の忌日に聖武先帝の遺愛の品々を大仏に献納、さらには開眼筆をはじめ大仏開眼会に関わる仏具や光明皇后自身にゆかりの薬なども合わせて献納されて東大寺の倉へ納められた。この倉が正倉院で、献納された品々が今日まで伝わる正倉院宝物となったのである。

◎仏教に深く帰依した光明皇后

光明皇后は藤原不比等《ふひと》の三女で父からの影響で仏教を篤く信仰し、『続日本紀』にも「もと太后（光明皇后）の勧めたまうところなり」と記されるように聖武天皇の河内知識寺《ちしきじ》の行幸や大仏造立、国分寺・国分尼寺の建立の決意に深く関わったといわれる。聖武天皇が皇太子・首《おびと》の時代に妃となり、天平元年（七二九）に皇族以外、臣下で初めて皇后となった。

皇后の仏教への篤い思いは東大寺に限らず今日の奈良を象徴する多くのものに関わりを持っている。天平二年には父・不比等追善のために興福寺五重塔建立を発願、天平八年からは亡き父母のために一切経書写を発願、二〇年間にわたり書写された経巻の総数は約七〇〇〇巻といわれている。この一切経は巻尾に天平一二年五月一日付けの願文があるところから「五月一日経」の名があり、現在、正倉院に七五〇巻、東大寺に約二〇巻が遺されている。さらに天平一七年には聖武天皇の病気平癒のために新薬師寺を建立している。

また一方では社会福祉の先駆けとして貧しい人に施しをする施設「悲田《ひでん》院《いん》」、医療の施設「施薬院《せやくいん》」を天平二年に設置して社会的弱者への慈善活動を行った。

◉皇后の父母追善のために書写された経巻

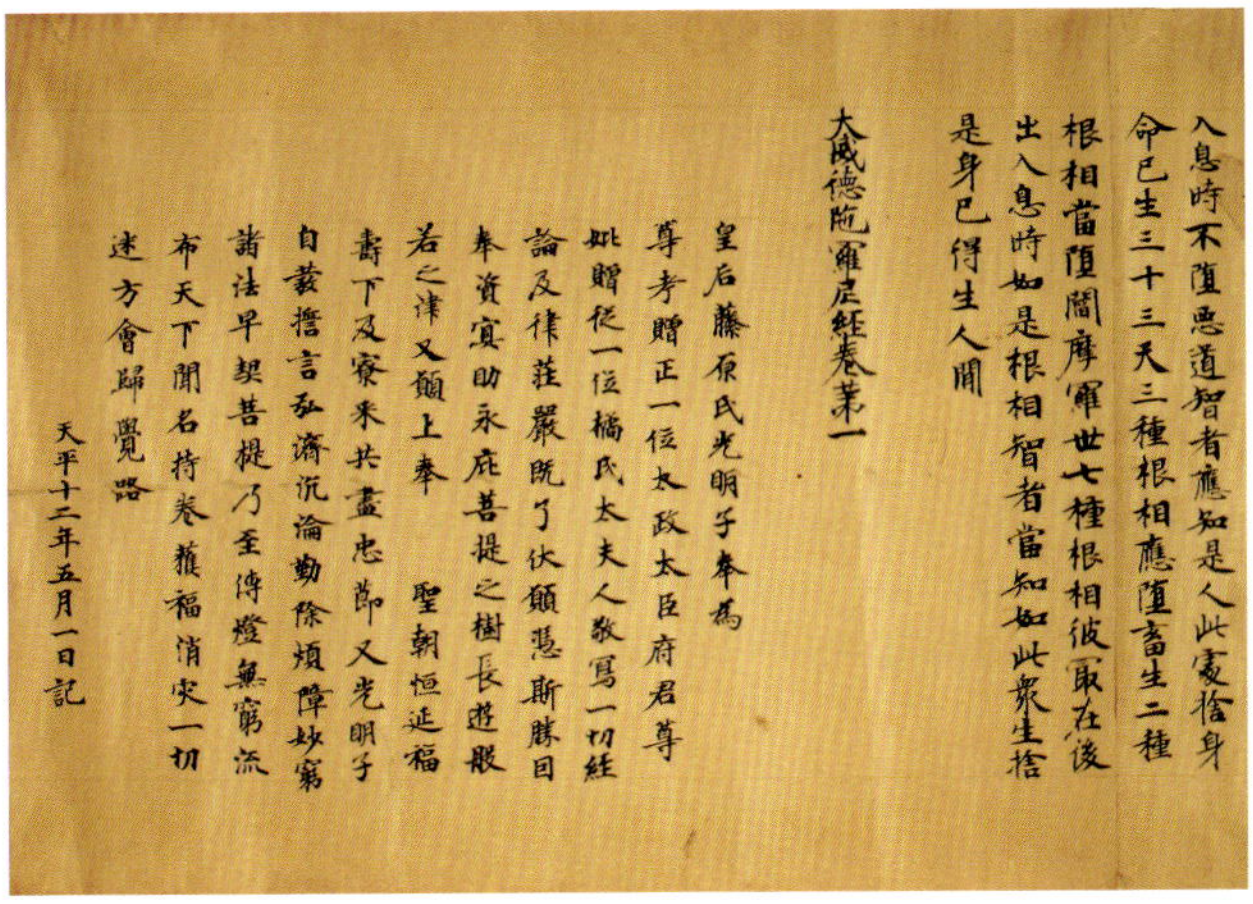
入息時不墮悪道智者應知是人此處捨身
命已生三十三天三種根相應墮畜生二種
根相當墮閻摩羅世七種根相彼取在後
出入息時如是根相智者當知此衆生捨
是身已得生人間
大威徳陀羅尼經巻第一
皇后藤原氏光明子奉爲
尊考贈正一位太政太臣府君尊
妣贈従一位橘氏太夫人敬寫一切経
論及律荘嚴既了伏願憑斯勝因
奉資冥助永庇菩提之樹長遊般
若之津又願上奉　聖朝恒延福
壽下及寮采共盡忠節又光明子
自發誓言弘濟沈淪勤除煩障妙窮
諸法早契菩提乃至傳燈無窮流
布天下聞名持巻獲福消災一切
迷方會歸覺路
天平十二年五月一日記

大威徳陀羅尼経《だいいとくだらにきょう》（五月一日経《ごがつついたちきょう》）

1巻　紙本墨書　縦26.4cm　全長798.4cm
奈良時代　天平9年（737）　重要文化財

光明皇后は父藤原不比等、母県犬養三千代の追福と夫聖武天皇の御代の平穏を願って、皇后の家政機関である皇后宮職の写経所で一切経の書写を天平8年（736）に始めた。巻末には天平12年5月1日付の皇后の願文があり、「五月一日経」と呼ばれる。写経事業は20年間続けられ、総巻数は約7000巻に及ぶといわれる。大威徳陀羅尼経には一切の衆生はみな仏であり、仏の功徳が説かれている。巻首紙背には「東大寺印」の方形朱印が捺されている。

◉病者の背中を流す光明皇后の姿

東大寺大仏縁起　光明皇后の湯屋

芝琳賢筆　3巻　紙本著色　縦35.1cm
室町時代　天文5年（1536）　重要文化財

光明皇后が法華寺の湯屋で病者の背中を流している場面。皇后は法華寺の湯屋にて1000人の俗人の垢を洗い流すことを誓い実行、最後の1000人目は全身が膿《うみ》の病者であった。しかし皇后はためらいなく背中を流し、さらに乞われるがまま膿まで吸い出した。その瞬間、病者は阿閦如来《あしゅくにょらい》に変わり、消え去ったと伝えられている。

正倉院所蔵のゆかりの品々

◎当時の天皇の権勢を物語る宝物類

東大寺を創建した聖武太上天皇は、天平勝宝八歳五月二日に崩御された。その七七忌にあたる六月二一日に、光明皇太后は太上天皇の冥福を祈って天皇ゆかりの宝物と貴重な薬物を東大寺大仏に奉献された。

これに付されたのが『国家珍宝帳《こっかちんぽうちょう》』と『種々薬帳《しゅじゅやくちょう》』である。その内容を見ると、九領の袈裟をはじめ王羲之《おうぎし》や王献之の書法、鏡背に螺鈿で美しい文様を表した鏡、請来された楽器類、それに天皇の武力を象徴する大刀・甲冑などがあり、当時のきわめてすぐれた文物が奉献されたことがわかる。そうした中には遣唐使を通して請来された唐代文物も多数含まれており、朝廷が積極的に唐風文化を受容していたことがわかる。

螺鈿紫檀五絃琵琶《らでんしたんのごげんびわ》

全長 108.1cm　最大幅 30.9cm　正倉院宝物（北倉）

『国家珍宝帳』に記載がある聖武天皇の遺愛品の一つ。五絃直頸の琵琶はインドに発生し中国に伝わったが、本品はその現存唯一の例。シタンの槽《そう》に沢栗の腹板を張る。捍撥《かんばち》はタイマイで造り、そこに駱駝に乗り四絃琵琶を奏する胡人を螺鈿で表している。槽背面の宝相華《ほうそうげ》文螺鈿も豪華で、爛熟した盛唐文化を伝えている。

◉聖武天皇が愛でた請来品の楽器と碁盤

木画紫檀棊局《もくがしたんのききょく》

縦 49.0cm　横 48.8cm　高さ 12.7cm
正倉院宝物（北倉）

『国家珍宝帳』に記載されていて、聖武天皇の遺愛の品であることがわかる。盤面はシタン貼りとして象牙で界線を表し、盤面周囲は木画で飾る。側面には象牙で狩猟文や禽獣《きんじゅう》文を造り嵌《がん》装《そう》している。棊子《きし》を入れる引出しは盤内部でクランク軸でつなぎ、双方が同時に引き出せるようになっている。盛唐からの請来品と思われる。

また同時に納められた薬物は広くアジア各地を原産地とするものである。こうした宝物は大仏に献じられた後、しばらくして正倉院に収蔵されたと思われる。正倉院宝物の始まりである。

正倉院にはこのほか、創建以来の東大寺の重要な法会に用いられた品々も納められている。天平勝宝四年四月九日の大仏開眼会に用いられた多くの伎楽面や衣装が、銘文をともなって伝わっていることはきわめて貴重である。正倉院に保存される伎楽面はその種類や数量も多く、開眼会の盛儀を推測する時に欠かせない。

また造東大寺司の写経所で記録された多数の文書が『正倉院文書』として遺っている。それ以前に中央に集まった戸籍や収税関係の報告書が反故《ほご》紙とされたのちにその紙《し》背《はい》が利用されたものであり、文書の語る内容は多彩である。

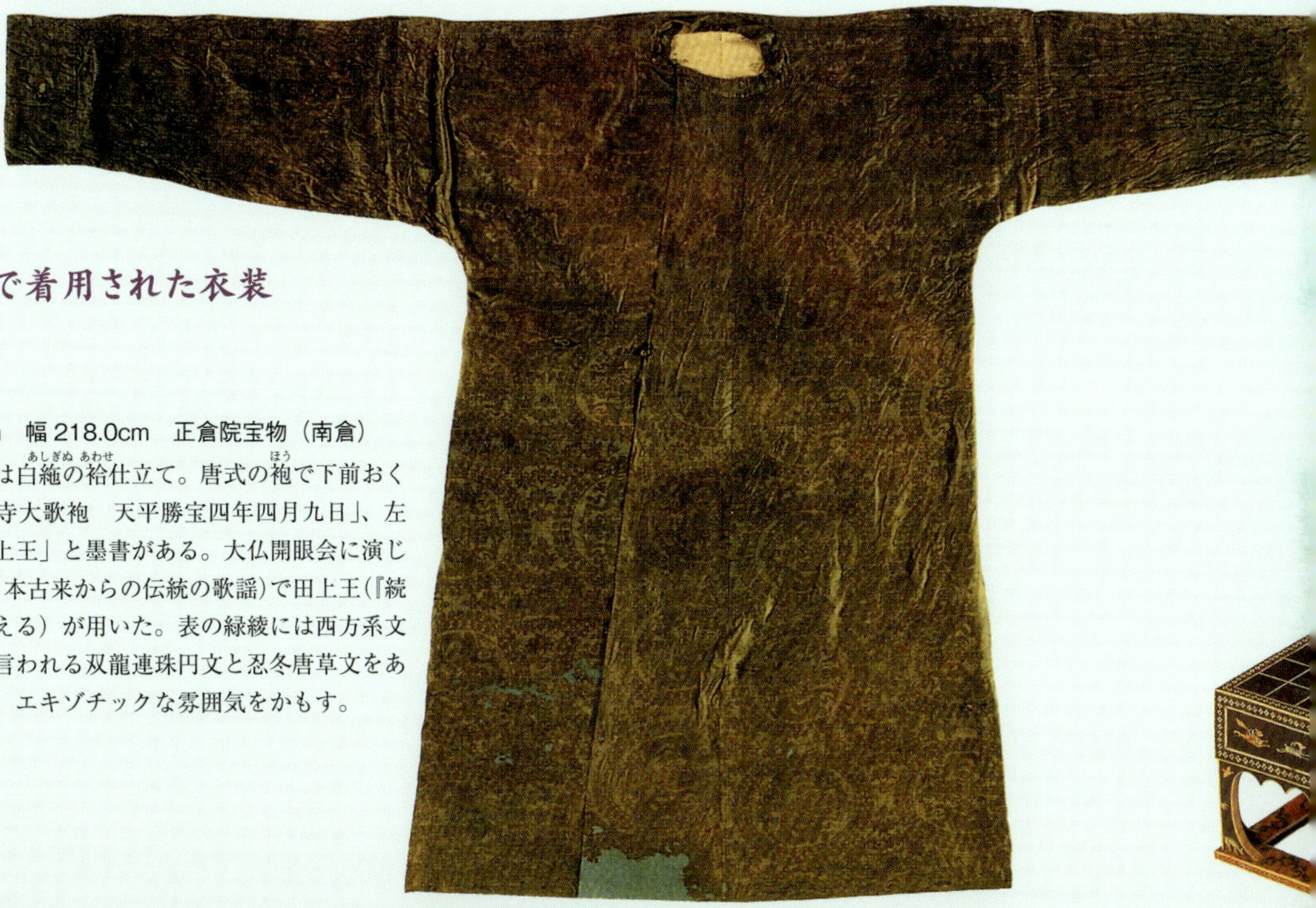

◉開眼会で着用された衣装

大歌袍《おおうたのほう》

丈 116.0cm　幅 218.0cm　正倉院宝物（南倉）

表は緑綾、裏は白絁《あしぎぬ》の袷《あわせ》仕立て。唐式の袍《ほう》で下前おくみ裏に「東大寺大歌袍　天平勝宝四年四月九日」、左袖口裏に「田上王」と墨書がある。大仏開眼会に演じられた大歌（日本古来からの伝統の歌謡）で田上王（『続日本紀』にみえる）が用いた。表の緑綾には西方系文様の代表とも言われる双龍連珠円文と忍冬唐草文をあらわしていて、エキゾチックな雰囲気をかもす。

◉開眼会に参列した僧侶たちの名簿

蠟燭文書《ろうそくもんじょ》　正倉院宝物（中倉）

正倉院塵芥《じんかい》文書第29巻と塵芥文書雑張第1から3冊、および蠟燭文書13巻が、大仏開眼会に参集した僧1万人の名簿であることがわかっている（「東大寺盧舎那仏開眼会供奉僧名帳」と称される）。このうち蠟燭文書とはその形から名付けられたもので、巻子本《かんすぼん》が湿気や温度などによって巻かれたままの状態で固まったもので開くことができない。開眼会の後、大仏殿の須弥壇下に埋納され、その後取り出されたと考えられている。

第2章

八宗兼学の学問の寺・南都焼き討ち

大仏が開眼から半世紀を待たずに傷つきはじめても、度重なる焼失や自然災害で堂塔が倒れても、常に再興の火を絶やさない。

◆平安時代の東大寺

◎実忠《じっちゅう》の整備事業

開眼供養会の盛儀後、大仏や東大寺内の整備を積極的に行ったのは、初代別当・良弁《ろうべん》の弟子で二月堂修二会《しゅにえ》を創始した実忠《じっちゅう》である。

実忠は大仏殿内に四〇本の副柱を入れ、大仏光背《こうはい》を造り、大仏殿回廊や各所の門を造立している。また食堂《じきどう》前の谷川の流路を北から南に変えるなど、大規模な土木工事を行っている。

なお、この土木工事については近年、食堂跡周辺の発掘によって大規模な土木工事跡が発見され、その実施が裏付けられた。

◎落ちた大仏の御頭の修復

ところで大仏については、開眼からわずか半世紀も経たない延暦五年（七八六）頃より背部には亀裂が生じはじめ、左手も破損したようである。そのため実忠はこれらの修理も行っている。それでも背部の亀裂は拡大し続け、左に傾斜した大仏を止めるため、天長四年（八二七）には背後に小山（仏後山）が築かれた。

その後、斉衡二年（八五五）五月、近畿地方に起こった地震で大仏の御頭が落下した。すぐに高丘親王（真如法親王）が修理責任者である修理東大寺大仏司検校《けんぎょう》に任命された。この修理では創建時の理念に基づいて、民衆の知識によって行うことが提案された。『文徳実録』*1には次の言葉が記されている。「而して《しこう》独り官物《かんもつ》を用い、以て充て給えば、恐らくは弘済《ぐさい》の本願に乖《そむ》かん。望み請《こ》うらくは、天下《あめのした》の人を令《し》て、一文の銭、一合の米を論ぜず、力の多少に随《したが》い、以て加え進むることを得しめん」。

小さな力を集めて修理を行えば聖武天皇の造立の思いに反しないと民衆に呼びかけたのである。かくして御頭は「轆轤《ろくろ》」と「空悌《くうてい》の機」（クレーンのようなもの）を用いて引き上げ修復され、貞観三年（八六一）三月に開眼供養が行われた。

◎罹災《りさい》と修復を繰り返す

罹災は大仏ばかりではなく諸堂舎へも及び、火災などによって次々と失われてしまった。講堂と三面僧坊は延喜一七年（九一三）、承平四年（九三四）

平安時代の東大寺	
再興２　(855)	地震により大仏頭部墜落。
貞観３　(861)	大仏開眼供養。
貞観 17 (875)	聖宝、東南院を創建。
寛仁３ (1019)	有慶、僧正堂（良弁堂）を建立。
治承４ (1180)	平重衡の軍勢により、東大寺、興福寺、元興寺の諸堂が炎上。
養和元 (1181)	俊乗房重源、大仏の修理、大仏殿の再興を計る。
寿永２ (1183)	大仏の御手・御頭を鋳始める。

*1 『文徳実録』……平安時代の歴史書で六国史の五番目、文徳天皇の御代、嘉祥３年（850）から天安２年（858）までの８年間の出来事が書かれている。日本文徳天皇実録。

には西塔が火災で焼失している。応和二年（九六二）には大風によって南大門、鐘楼が倒壊、大仏殿の扉も倒れた。しかし建物が失われるとすぐにそれに呼応するように再興の努力がなされるのも東大寺のもつ特徴のひとつである。

史料的制約が多く、再建の状況がはっきりしない堂舎が多いが講堂は承平五年に落慶、南大門は平安時代末期までには再建されたようである。

◉実忠が自ら選んだ業績　ベスト29

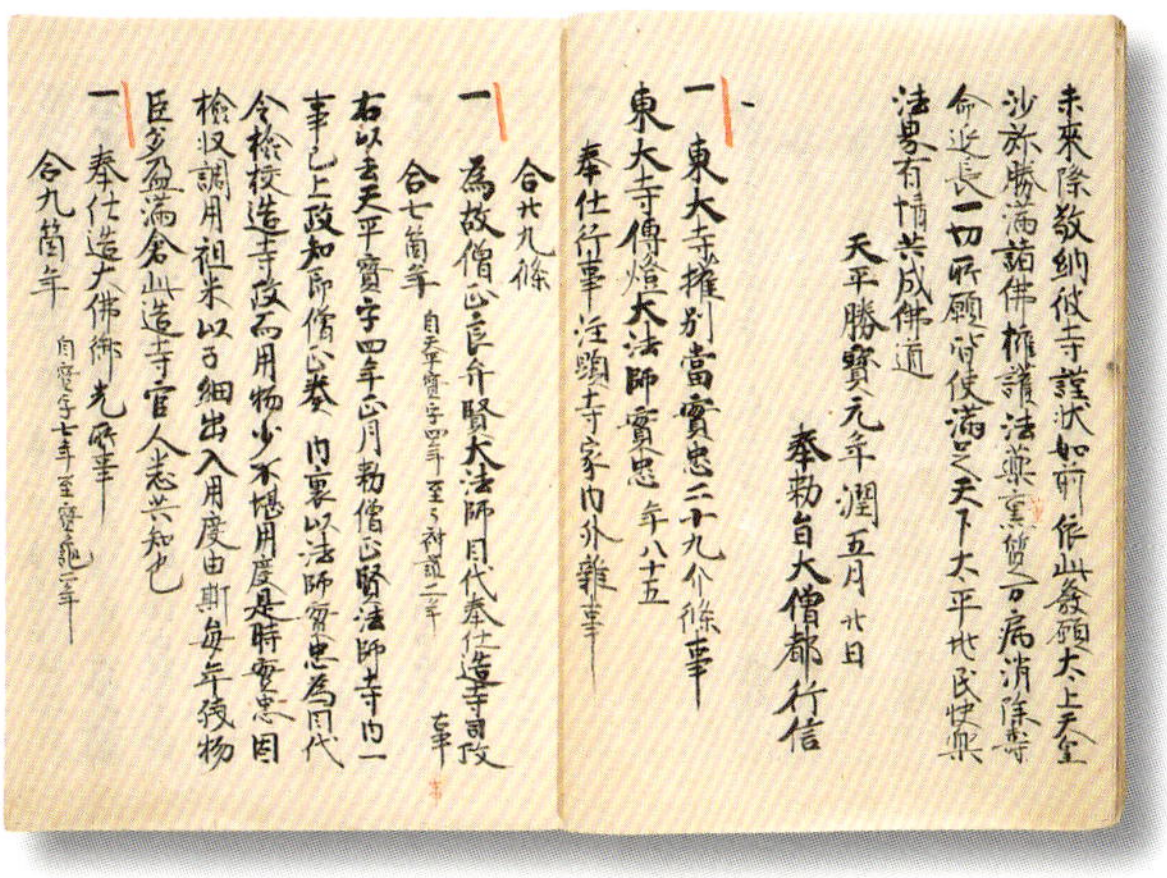

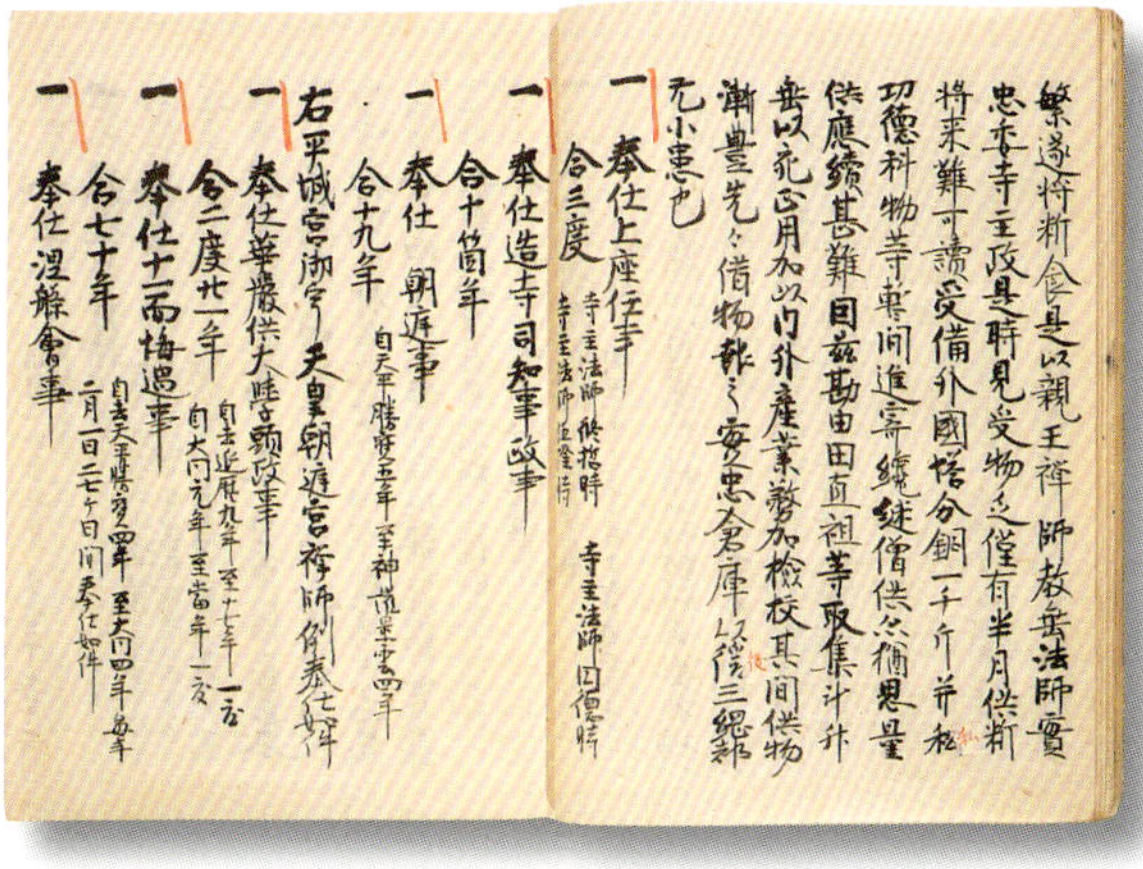

『東大寺要録』第七
雑事章《ざつじしょう》　実忠《じっちゅう》二十九箇条《にじゅうきゅうかじょう》

1冊　紙本墨書　縦28.0cm　横21.9cm
室町時代　文明17年（1485）　重要文化財

実忠は二月堂修二会を創始したことで名を知られているが、修理別当として東大寺伽藍の造営を手がけた他、西大寺や西隆寺、頭塔などの造営にも携わっている。弘仁6年（815）に実忠が自らのさまざまな業績を29箇条にまとめたもの。年齢など数値の混乱が多少みられるが考古学的に実証できる事項が数多く含まれている。

東大寺人物伝 ③

実忠《じっちゅう》（七二六？〜？）

神亀三年（七二六）に生まれたとされる。天平勝宝四年（七五二）二月に十一面悔過《けか》法要、いわゆる修二会を開始、翌年から朝廷に出仕した。良弁に師事して華厳を学び、天平宝字四年（七六〇）、良弁の目代として東大寺の造営に携わり大仏光背や大仏殿回廊、三面僧房などを造立、伽藍整備を行った。宝亀四年（七七三）に良弁が没すると造寺所知事、修理別当などの要職を務め、造寺に力を発揮し、西大寺・西隆寺の造営にも参加した。天平宝字八年（七六四）に起きた藤原仲麻呂の乱に際しては、蒭《まぐさ》二〇〇〇囲を献上している。

東大寺での言い伝えでは大同四年（八〇九）、修二会参籠中の二月五日に内陣須弥壇の下に消え、再び現れなかったといわれている。それゆえ二月（現在は三月）五日の修二会勤行中に実忠の忌日法要が挿入されている。

実忠和尚坐像《じっちゅうかしょうざぞう》

1軀　木造　彩色　像高70.5cm　江戸時代　18世紀

良弁の弟子で二月堂修二会を創始した実忠和尚の坐像。二月堂正面の良弁僧正坐像を安置する開山堂内に良弁僧正と背中あわせで、二月堂本尊の十一面観音に合掌するように東面して安置されている。記録などが残されておらず、造像時期や作者は不明であるが、江戸時代中期の作と考えられる。

1 東大寺にゆかりの僧

空海《くうかい》・聖宝《しょうぼう》

◎僧侶たちの学問所

八宗兼学《はっしゅうけんがく》の寺と呼ばれてきた東大寺は創建以来、日本仏教史上に名を残す僧とさまざまなゆかりがある。

奈良時代、官立寺院は信仰の場というより主に仏教経典の研究の場であり、現在でいう大学のような専門研究機関であった。当時盛んに研究が行われていたのが三論宗《さんろんしゅう》、成実宗《じょうじつしゅう》、法相宗《ほっそうしゅう》、倶舎宗《くしゃしゅう》、華厳宗《けごんしゅう》、律宗《りっしゅう》の六つで、各寺は一宗のみではなく、おおむね二〜三宗を兼学していたが、六宗すべての研究を行っていたのは東大寺と大安寺のみであり、六宗兼学の寺と呼ばれていた。さらに平安時代になると、留学僧《るがくそう》として唐に渡った空海がもたらした真言宗《しんごんしゅう》と、同じく最澄がもたらした天台宗《てんだいしゅう》の二宗を加えることとなり、八宗兼学の寺と呼ばれるようになった。

◎子院の創設

平安時代には僧房の他にも貴族などの出身の学問僧が居住する子院《しいん》（塔頭《たっちゅう》）が設けられるようになり、貞観一七年（八七五）には三論宗と真言宗を学ぶ拠点として東南院が、天暦九年（九五五）には華厳宗と真言宗を学ぶ尊勝院が創設された。

多くの宗派を兼学する東大寺は創建以来、日本仏教史上に名を残す僧とさまざまなゆかりを持つこととなったのである。

ここで、東大寺とゆかりの僧を何人かみていこう。

◎空海と真言院

空海は延暦二三年（八〇四）に東大寺において具足戒《ぐそくかい》を受けた後、留学僧として唐に渡る。大同元年（八〇六）に帰国。勅命（太政官符《だじょうかんぷ》）によって、弘仁一三年（八二二）、東大寺に灌頂《かんじょう》行法所《ぎょうほうしょ》を設けた。この年、空海は平城上皇に灌頂*1を授けている。この灌頂行法所はその後、東大寺真言院へと発展していく。

東大寺人物伝 4

空海《くうかい》（七七四〜八三五）

弘法大師坐像《こうぼうだいしざぞう》

1軀　木造　彩色　像高80.9cm　鎌倉時代　13〜14世紀

空海が南都での真言宗の拠点として創設した真言院大師堂に安置されている。像内には文明16年（1484）の修理名があり、それ以前の製作であろう。また畳座に享保16年（1721）の銘があり、その頃に現在の像容になったと思われる。

宝亀五年（七七四）讃岐《さぬき》国の生まれ。延暦二三年（八〇四）に戒壇院において元興寺泰信に従って具足戒を受け、直後に唐へ留学した。大同元年（八〇六）に帰国。筑前観世音寺などを経て同四年に京都に入る。同じく唐に留学していた最澄と交流している。

弘仁元年（八一〇）、東大寺第一四世の別当に任じられたとされる。同七年には高野山を賜り、金剛峯寺の整備を始めた。弘仁一三年（八二二）には後に真言院へと発展する灌頂行法所を東大寺南院に設けた。翌年には京都東寺の寺地を賜って真言宗の根本道場とし、承和元年（八三四）には宮中で後七日御修法《ごしちにちみしほ》を始めた。翌二年高野山にて入寂、延喜二一年（九二一）、醍醐天皇から弘法大師の諡号を贈られた。

---

*1　灌頂……灌頂は密教の儀式の一つで結縁灌頂、受明灌頂、伝法灌頂などがある。僧俗を問わず、諸仏の内から守り本尊を決めて縁を結び、その秘法を受ける儀式が結縁灌頂である。平城上皇の灌頂は天皇、上皇の灌頂の初例。

◎聖宝と薬師堂

空海の孫弟子で醍醐寺の開山となる聖宝は最初、大仏殿の北側にあった東大寺東僧坊の南第二室に居住し、三論、真言、法相、華厳、律などを学び、貞観一七年（八七五）に三論、真言を学ぶ拠点として東南院を創設した。

東大寺に住していた頃、役行者《えんのぎょうじゃ》が修験道のために開いた大峯山《おおみねさん》への道を再整備し、大峯山中興の祖といわれる。

なお、現在奈良市内の町名に「餅飯《もちい》殿《どの》」の町名がある。これは聖宝が大峯山に向かう時に当時、興福寺寺地内、蕗畠《ふきのはた》郷と呼ばれていた郷民が餅飯《もちいい》（携帯食）を持参して随伴し、入峯の道の復興を援助したとされ、この由緒から餅飯殿という町名が生まれたとされる。この関係は現在も続いており、町内に山上講が組織され、毎年大峯山・金峯山寺《きんぷせんじ》の参詣を続けている。山上講は先達《せんだつ》として当山派修験の中にあっても特別な地位を占めている。八月六日、東南院持仏堂での理源忌には町内の方々も参列される。

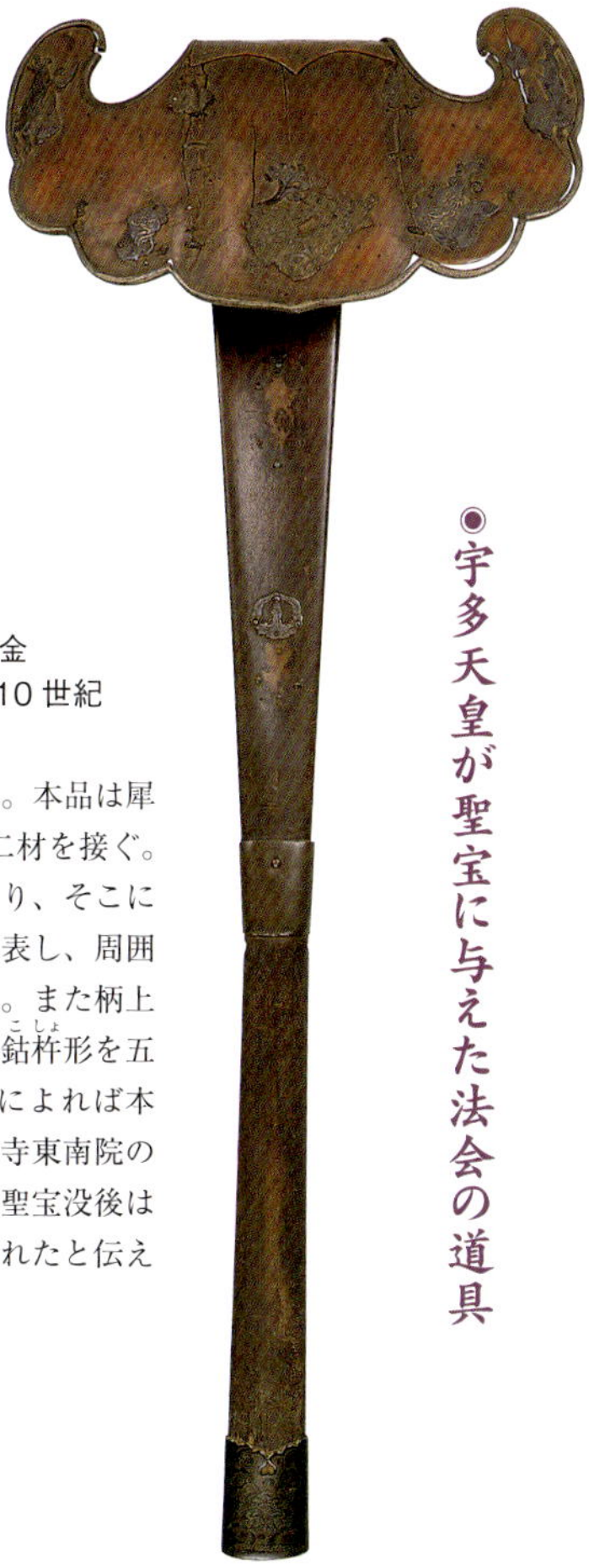

◉宇多天皇が聖宝に与えた法会の道具

五獅子如意《ごししのにょい》

1 柄　犀角製　銀装　鍍金
長 88.8cm　平安時代　10 世紀
重要文化財

如意は僧侶の威儀具の一つ。本品は犀角で作られ、柄の中央部で二材を接ぐ。掌《しょう》は大振りの蝙蝠形につくり、そこに銀製裁文《さいもん》で五獅子や雲文を表し、周囲に銀製輻輪《ふくりん》を廻らしている。また柄上部の表裏には銀製裁文の三鈷杵《さんこしょ》形を五箇貼り付ける。『中右記』によれば本品は宇多法皇が作らせ東大寺東南院の聖宝に与えたものである。聖宝没後は南都三会に必携の道具とされたと伝えている。

東大寺人物伝 5

聖宝《しょうぼう》（八三二〜九〇九）

天長九年（八三二）の生まれ。生国は大和国とも讃岐国ともいわれる。一六歳の時に空海の実弟の真雅のもとで出家、以後、大仏殿の北の東僧坊南第二室に居住、三論、真言、法相、華厳、律などを学んだ。また吉野金峯山寺や大峯山中を踏破し、役行者が開いた入峯の道を再興した。貞観一六年（八七四）、山城国宇治郡の笠取山に後に醍醐寺（上醍醐）に発展していく草庵を建立。弘福寺（飛鳥・川原寺）別当、東寺長者などにも任じられ、寛平八年（八九六）以降、後七日御修法の導師を何度も務め、真言宗を代表する僧となった。

延喜五年（九〇五）、三論と真言の修学の場・東大寺東南院の初代院主となり、三論修学の中心的寺院として整備、拡充した。

延喜九年（九〇九）七月六日、京都深草の普明寺において入寂した。宝永四年（一七〇七）、東山天皇より理源大師の諡号が贈られた。

平成二一年（二〇〇九）、開山した醍醐寺において一一〇〇年御遠忌が行われた。

理源大師《りげんだいし》 聖宝《しょうぼう》坐像《ざぞう》

1 軀　木造　彩色　像高 76.5cm
江戸時代　元禄 15 年（1702）

京都の大仏師・朝慶によってつくられた。手には五獅子《ごしし》如意《にょい》を模した木製の如意を持っている。五獅子如意は聖宝が興福寺維摩会の講師として参加する際、宇多天皇より賜ったもので、以後、維摩会講師が必ず持つ法具とされた。維摩会に臨む晴れやかな姿を表したと言われる。

2 東大寺の荘園経営と伽藍の維持管理

◎東大寺の初期荘園《しょうえん》

創建当初、東大寺には数多くの法会や伽藍の造営、維持のために聖武天皇から施入された封戸《ふこ》五〇〇〇戸と北陸地方を中心とした約四〇〇〇町におよぶ墾田《こんでん》（荘園）が与えられており、開墾状況などは、現在、正倉院に収蔵されている荘園図によってうかがい知ることができる。しかし、すでに平安時代中期には、律令制の崩壊によって政治体制に依拠していた荘園のほとんどは荒廃し、実際に維持経営できていた荘園は二一〇町ほどであった。

ところで東大寺の組織は、実務を統括する三綱《さんごう》（上座《じょうざ》・寺主《じしゅ》・都維那《ついな》）とその上に立つ別当による政所《まんどころ》から構成されており、これらの組織も大仏殿など諸伽藍の修造が必要となった平安時代初期から強化されはじめた。時を同じくして荒廃した従来からの荘園の再興や封戸に見合う寺領の獲得、末寺の荘園化が図られ、経営財源の獲得に

東大寺寺領の分布状況

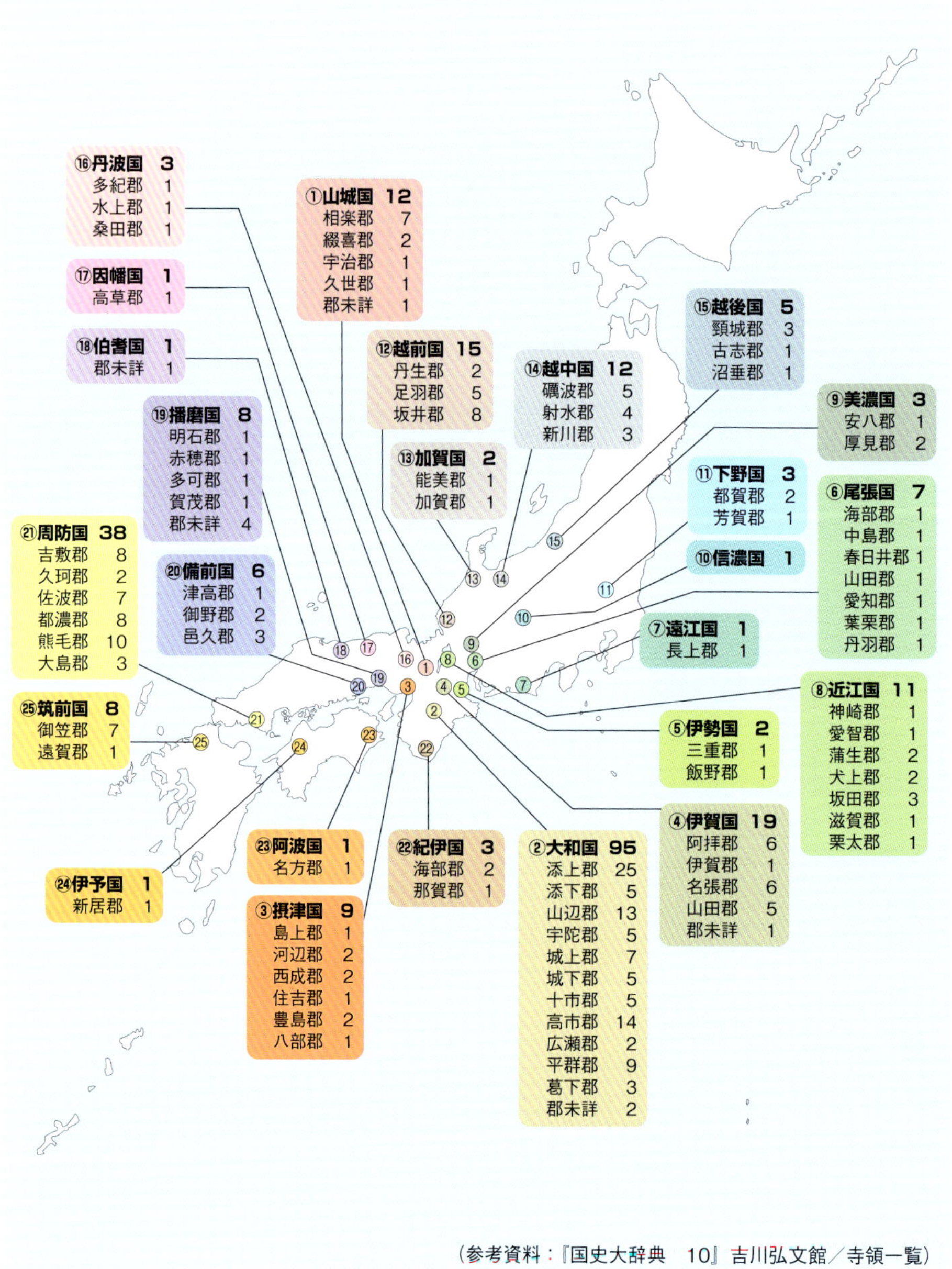

（参考資料：『国史大辞典　10』吉川弘文館／寺領一覧）

努力していた。

◎黒田荘《くろだのしょう》―東大寺領の拡大

東大寺領の拡大の実態を見てみよう。一〇世紀中頃、時の別当光智《こうち》は大仏殿の柱を取り換えるため、創建時より材木を取るための東大寺領であった伊賀《いが》国名張《なばり》郡板蝿杣《いたはえのそま》へ入った。山林を管理していた杣工たちが杣以外の地に田畑を開墾し集落を形成していたことを見て、開墾した場所も含めて境界のための杭を打った。この地域はすでに豪族から東大寺に譲られていたが国《こく》司《し》の支配する公領であり、東大寺と国司がこの後、朝廷をも巻き込み一世紀にわたって争われた。最後は後白河院の裁定によって東大寺の主張が認められ、現在の三重県名張市にあたる盆地一帯、約三〇〇町を寺領荘園・黒田荘とすることができたのである。

また西国の戒壇があり、その関係から末寺であった筑前《ちくぜん》国観世音寺が有していた荘園を東大寺に編入、納められる米は「鎮西米《ちんぜいまい》」として経営財源に重きをなした。

◎寺領の衰退

治承の兵火で伽藍の大半を失った東大寺は寺内組織にも変化が生じ、寺僧集団の寺院経営に対する発言力が強くなり、荘園へも直接支配を始めた。そのため東大寺に対する荘民の反発も強くなり、とりわけ黒田荘民は東大寺に近いこともあって、奈良への往復道で年貢を強奪、放火や殺人なども犯した。荘民にとっては自衛手段の一つであるが、東大寺にとって〝黒田悪党〟であり、南北朝時代まで悩まされ続けた。また武家の台頭による政治体制の変化で荘園経営は困難を極め、さらに貨幣経済の進展によって収入減少を招いた。その中で瀬戸内海運の要衝・兵庫北関《きたぜき》の経営権を獲得したことは貨幣経済に対応したもので、通行税である関銭の収入は莫大なものであった。

江戸時代に入ると各地の荘園は幕府領や藩領となり、東大寺は境内と周辺の四ヶ村の約二一〇石および大和国櫟本村内の二〇〇〇石の幕府からの知行地と重源以来の由緒がある周防国の藩主・毛利氏よりの一〇〇〇石分の寄進、合計三二〇〇石あまりで数多くの法会の運営や大仏殿の再建など広大な伽藍の維持をしていくこととなり、明治期の幕府瓦解による知行地没収の時期まで続いた。

◉領地争い解決のために作成された地図

某荘絵図《ぼうしょうえず》（大和国《やまとのくに》長瀬荘《ながせのしょう》伊賀国《いがのくに》黒田荘《くろだのしょう》境絵図《さかいえず》）

東大寺文書　1鋪　墨画淡彩　縦29.5cm　横53.0cm　鎌倉時代　国宝

黒田荘は名張川を越えて徐々に拡大していった。そのため鎌倉時代初期になると川を境に接していた興福寺領である大和国長瀬荘との領地争いが起こった。絵図の左下には蛇行する川が描かれるがこれが名張川（大和国側では宇多川の名）と考えられる。紙背中央には「興福寺別当僧正被書送絵図書留之」の文字が見え、東大寺と興福寺の領地争いにともない作成されたものと思われる。

3 平安時代の文化財

◉良弁僧正の念持仏と伝えられる仏像

平安時代の東大寺は新しい時代の到来とともに多くの子院《しいん》が成立した。奈良時代には六宗兼学であったが、平安時代にはこれに真言と天台が加わり八宗兼学となる。子院である真言院（真言）、尊勝院（華厳）、東南院（三論）などが成立し、学問寺としての東大寺を支えた。こうした中で、彫刻では開山堂の良弁僧正像（9頁参照）、四月堂の千手観音像（現在は東大寺ミュージアムに安置）や普賢菩薩像、また絵画では額装本と巻子本《かんす》の華厳五十五所絵などが成立している。

平安時代中期には絵仏師教禅が興福寺法相柱に描くために大仏殿の六宗厨子（法相宗）を写している。大治二年（一一二七）に鳥羽上皇の命で東寺の真言院五大尊十二天画像の新調を差配したのは東大寺の覚仁威儀師である。平安後期の学僧珍海已講《ちんかいいこう》は浄土教者としての事績は周知だが、宮廷絵師藤原基光の子息であり多くの作画をしていて、奈良朝図像を集めた倶舎曼荼羅《くしゃまんだら》の作者にも比定される。平安時代の東大寺の文化的な高さが知られる。

弥勒仏坐像《みろくぶつざぞう》

1軀　木造　彩色　像高 39.0cm　平安時代　9世紀　旧法華堂安置　国宝

法華堂の不空羂索観音像と執金剛神像の間に安置される厨子中に祀られていた。通称「試みの大仏」と呼ばれる小像ながら強い存在感のある仏像である。カヤの一木から彫出し、左手の甲を見せる触地印（降魔印）に造り、目や口に彩色をほどこすほかは素地仕上げである。この姿（図像）は釈迦がブッダガヤで降魔成道《ごうまじょうどう》したときのものであり、唐代中国に紹介されて大流行した。本像はわが国平安初期の製作であり飜転《ほんてん》する衣文線が強く美しい。大きく造られた頭部も印象的で、その容貌は異国的である。

◉頭上と腹部に付けられた十二支獣が特徴

十《じゅう》二《に》神将《しんしょう》立像《りゅうぞう》　申神

12軀のうちの1軀　木造　彩色
像高 99.0 ～ 110.7cm
平安時代（11 ～ 12 世紀）　重要文化財

もと東南院に伝来したものとされ、12軀が完存するが、中尊の薬師如来像は失われている。頭上に十二支をつける十二神将像としては早い作例になる。十二支の順に2軀ずつが向き合うように作られ、動勢は激しくなく力は内にこもるようである。獅嚙《しかみ》の代わりに十二支獣を着けるもの（寅、辰、午、未、申、酉、亥）があり珍しい。当初の彩色や繊細な截金が残るところがあり注目される。

二天像　持国天立像・多聞天立像

2軀　木造　彩色　像高　[右] 持国天：201.0cm　[左] 多聞天：186.5cm
平安時代　12 世紀　旧永久寺蔵　重要文化財

内山永久寺（奈良県天理市）に伝来した持国天像と多聞天像である。持国天像は左手に剣（亡失)、右手に宝珠を執る（亡失）もので、『陀羅尼集経』による像容である。像内納入品には永暦元年（1160）と治承2年（1178）の年紀がある。一方の多聞天像は兜を着け振り上げた右手の上に宝塔を載せるという像容である。右肩刻目《はぎめ》に平治元年（1159）の紀年銘がある。双方一具とはしがたいが、いずれも平安後期南都仏師の作例と見られる。

◉廃仏毀釈で消えた大寺院・内山永久寺伝来の像

◉奈良時代の仏画や厨子に描かれた図像を淵源とする曼荼羅

倶《く》舎《しゃ》曼《まん》荼《だ》羅《ら》

1幅　絹本著色　縦164.5cm　横177.0cm　平安時代　12世紀　国宝

平安時代後期に珍海已講（1091 ～ 1152）が描いたと想定される図。珍海已講は東大寺三論宗の学僧、また浄土教者でもあり事相にも詳しい。絵師藤原基光の子息であり図画も良くしたことは記録にもある。実際に図像も残していて作画の事実が知られる。図は釈迦三尊を囲んで10体の僧形を繞《めぐ》らし、画面外縁に梵天・帝釈天、四天王像などの護法神を配す。釈迦三尊像は法華堂根本曼陀羅（東大寺伝来、現ボストン美術館）から、梵釈四天王像は戒壇院華厳経厨子扉絵から、10体の僧形はかつて大仏殿に安置された六宗厨子の内、第五厨子から図像を借りている。すべてが奈良時代の図像に淵源がある。明るい対比的な彩色が美しい。

◉善財童子の求法の物語を古式に則って描く

華厳五十五所絵《けごんごじゅうごしょえ》　休捨優婆夷《くしゃうばい》

額装本　1面　絹本著色
各　縦75.8cm　横44.0cm
平安時代　12世紀　重要文化財

『華厳経』「入法界品《にゅうほっかいぼん》」に説かれる善財童子の求法の物語を、元は54面に仕立てたと推測されるもので、現在はすべてで20面が確認されている（東大寺には10面が現存する）。絵巻本（16～17頁参照）に比較して図様が古式であり、おそらく古い時代に伝来した図を写し伝えたものと考えられる。彩色も古雅であり特に文様には11世紀絵画に通じる趣があり、草木等の表現にも古風さがうかがわれる。室町時代には戒壇院に伝来していたと推測される。

この場面は、善財童子が8番目にたずねた善知識、普荘厳園林に住する休捨優婆夷を描いている。休捨優婆夷の姿を見ることができた者は、だれでも即座に、強い意志をもって菩薩道を追求することができるとあって、善財童子はますます勇気が湧いてくる。

◉重源上人ゆかりの浄土堂に由来する観音像

千手観音立像《せんじゅかんのんりゅうぞう》

1軀　木造　像高266.5cm　平安時代　9世紀
旧四月堂安置　東大寺ミュージアム　重要文化財
写真：井上博道

42臂をそなえる千手観音像で平安初期の製作になる。東大寺中の浄土堂（念仏堂の前身）から元禄年間に法華堂礼堂に移され、その後明治以降に四月堂に移安された。現在は東大寺ミュージアムに安置されている。丸みのあるやさしい面相や量感のある体軀が印象的である。

4 治承の兵火と大仏修復

◉大仏殿炎上、犠牲者一七〇〇余人

東大寺大仏縁起　下巻　大仏殿炎上

紙本著色　縦 35.1cm　長 1442.0cm　室町時代　天文５年（1536）　重要文化財

『大仏縁起』の内、猛火に包まれる大仏殿を描く場面。猛火の中、２階を逃げ惑う寺僧や稚児たちが多く描かれ、「大仏殿の二階には一千七百余人」との「平家物語」の記述を意識しているのであろうか。大仏の蓮華座や脇侍の虚空蔵菩薩や広目天像もかすかに見える。画面左には炎上する大仏殿の様子を馬上から見る平家の武将（平重衡）の姿も見える。

東大寺は常在不滅、実報寂光《じっぽうじゃっこう》の生身の御仏とおぼしめしなずらへて、聖武皇帝、手づから身づから磨きたて給ひし金銅十六丈の盧舎那仏《るしゃなぶつ》、烏瑟《うしつ》高くあらはれて、半天の雲に隠れ、白毫《びゃくごう》新たに拝まれ給ひし満月の尊容も、御頭は焼落て大地にあり、御身は鎔合《わきあひ》て山の如し。八万四千の相好《そうごう》は、秋の月早く五重の雲におぼれ、四十一地の瓔珞《ようらく》は、夜の星むなしく十悪の風に漂ふ。煙は中天に満ち満ちて、焔は虚空に隙もなし。

まのあたり見奉るものはさらに眼をあてず、遥かに伝へ聞く人は肝《きも》たましゐを失へり。法相三論《ほっそうさんろん》の法門聖教、すべて一巻も残らず。我が朝はいふに及ばず、天《てん》竺《じく》、震旦《しんだん》にもこれほどの法滅あるべしともおぼえず。

（中略）

焔の中にて焼け死ぬる人数《ひとかず》を記いたりければ、大仏殿の二階の上には一千七百余人、山階《やましな》寺には八百余人、ある御堂には五百余人、ある御堂には三百余人、つぶさに記いたりければ、三千五百余人なり。戦場にして討たるる大衆千余人、少々は般若寺の門に切りかけらる。少々は持たせて都へ上り給ふ。

（『平家物語』第五より）

◎焼け落ちた大仏

平氏政権に反発する以仁王《もちひとおう》の挙兵に端を発する源平抗争が各地に広がりを見せるなか、治承四年（一一八〇）一二月には平 重衡《たいらのしげひら》の軍勢が奈良を攻め、二八日に東大寺は大仏殿をはじめ伽藍の大半が焼失した。

この時の様子は『平家物語』に「御頭は焼落て大地にあり、御身は鎔合て山の如し」と書かれている。また京都で東大寺炎上の報を聞いた九条兼実《かねざね》は、その日記『玉葉《ぎょくよう》』に「仏法王法滅尽し了るか。凡そ言葉の及ぶところにあらず。筆端の記すべきにあらず。余このことを聞き、心神屠《さ》くがごとし」と綴り、歎き悲しんでいる。また東大寺に残る『大仏縁起』には炎に包まれる大仏や大仏殿、大仏殿の二階を逃げまどう僧侶たちが描かれその悲惨な状況を伝えている。

翌治承五年三月一七日に、後に造東大寺兼修理大仏長官に任命される藤原行隆《ゆきたか》が勅使として東大寺の被害状況を実検した。同行した鋳物師《いもじ》たちが「人力の及ぶ所に非ず」と言わしめるほどの惨状で大仏の修復は技術的にも困難な状況に陥っていた。

東大寺大仏縁起　下巻　副本
紙本著色　縦 34.5cm　長 2074.8cm　室町時代　16 世紀

東大寺こぼれ話②

二つの大仏縁起

東大寺の縁起を表した大仏縁起絵巻は現在、二組残されている。一つは南都絵所の琳賢が画を描き、後奈良天皇、青蓮院尊鎮親王、三条西実隆の子息で東大寺の西室公順《にしむろこうじゅん》の三名が詞書《ことばがき》を書いて、現在重要文化財に指定されているもの。もう一つは江戸後期の幕府調査で〝副本〟と記されているものである。〝副本〟には識語がなく、絵の作者や詞書の筆者などが未詳であるが「勧進所什物《かんじんしょじゅうもつ》」の印があり、勧進活動に使用していたであろうことがわかる。

両者とも図様がほぼ一致しているが若干違う箇所もある。この二つの図は同じ大仏殿炎上の場面であるが逃げ惑う稚児の位置に違いがある。〝副本〟の絵師も同じ南都絵所に属していたと思われるが、それぞれに絵師の個性があらわれていて興味をそそられる。

〝副本〟では屋根上まで逃げ出した稚児だが果たして迫りくる猛火から逃げ延びられたのであろうか。

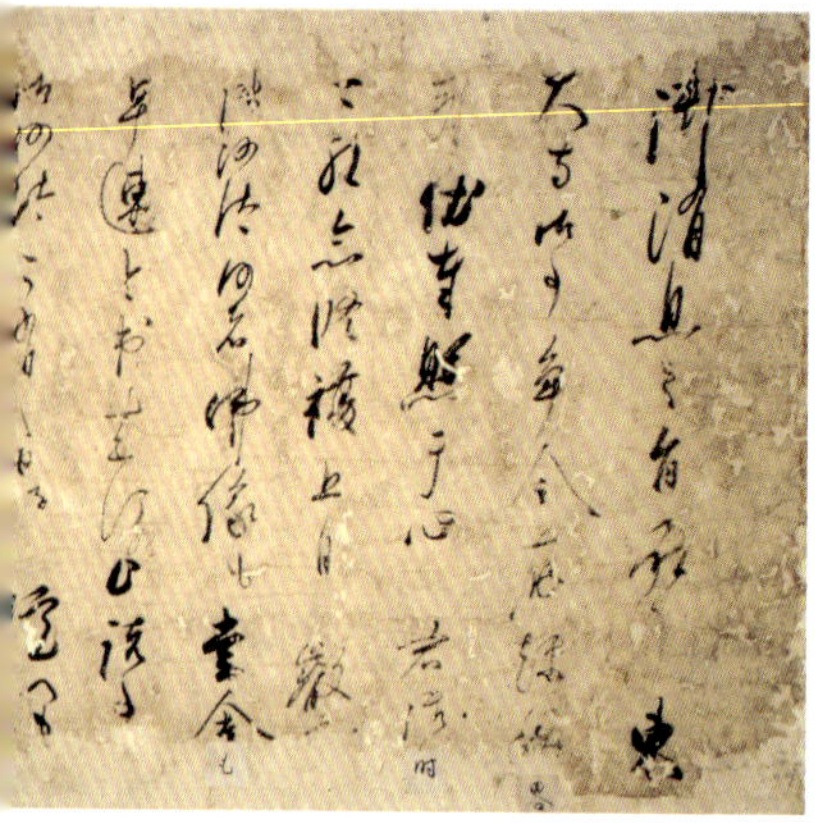

◎一片の鉄でも

　これよりも前、二月下旬に大仏の惨状を目の当たりにしたのが鎌倉期復興の立役者、俊乗房重源《しゅんじょうぼうちょうげん》である。醍醐寺の僧であった重源はすでに宋へ三度渡り、五台山阿育王寺など大陸各地を見聞、最新技術を会得していた。重源は藤原行隆を介して後白河法皇にこれまでと同じように民衆の知識によって東大寺を復興することを進言した。

　これを受けて重源はその年（養和元年に改元）の八月、造東大寺大勧進《だいかんじん》の宣旨《せんじ》を受けた。時に重源上人六一歳。各地を勧進するために一輪車六輌《ろくりょう》と勧進状を作成し、勧進状には「尺布寸鉄、一木半銭」の文言が入れられた。これはわずかなものでも復興に協力することであり、聖武天皇の創建時の理念にかなうものであった。勧進活動は重源をはじめ「同朋《どうぼう》五十余人」の勧進僧が各地を勧進に廻った。重源は自ら「南無阿弥陀仏」と名乗り、弟子たちには万阿弥陀仏、信阿弥陀仏など阿弥陀仏号を与えて組織化し、復興活動を推進した。これら重源の活発な勧進活動をうかがわせる杖や鉦鼓《しょうこ》、勧進杓《しゃく》が今も東大寺に残されている。

　復興を支えたのは民衆ばかりではない。重源を勧進に任命した後白河法皇をはじめ朝廷も援助を惜しまなかった。さらに平氏との戦いに勝利したばかりの源頼朝も復興に情熱を傾け、米一万石、砂金一千両、上絹一千疋《びき》の奉加をするなど多大な支援をしている。重源とは何度か書状のやり取りをしており、現在も数通の書状が東大寺に現存している。

◎螺髪《らほつ》から始まった大仏修復

　大仏の修復はまず螺髪の鋳造から始まり、日本の鋳物師がさじを投げた大仏の修理も折よく博多に来航していた宋人の陳和卿《ちんなけい》・仏寿《ぶつじゅ》*1兄弟を起用、また傾き防止のために築かれていた「仏後山」を活用するなどして僅か三年で再鋳を終えたのである。

◎重源も公慶も手にしたとされる勧進用具

重源所用勧進道具
①鉦鼓《しょうこ》　②錫平文鉦架《すずひょうもんしょうか》　③撞木《しゅもく》
④蓮実形柄杓《れんじつがたひしゃく》　⑤菩提子念珠《ぼだいしねんじゅ》

5個　銅製　木製
鉦鼓：径 21.6cm　鉦架：長 26.7cm
撞木：長 23.1cm　柄杓：長 42.4cm
鎌倉時代　建久９年（1198）
重要文化財

重源が勧進する際に用いていたとされる鉦鼓と柄杓。鉦鼓は、雅楽に用いられる打楽器が仏教に採り入れられ、称名念仏の際の道具として用いられたもの。鉦架に懸け、首から提げて撞木で打ち鳴らす。縁に「東大寺末寺渡部浄土堂迎講鉦鼓五之内」「建久九年二月二日大和尚南無阿弥陀仏」の刻銘があり、重源が勧進の拠点の一つとして摂津国渡部（現在の大阪天満橋付近）に設けられた渡部別所の道具として作られた５つのうちの１つであることがわかる。また柄杓についても勧進の際に喜捨をこれに受けたとされ、これらの道具は勧進職相伝のものとして代々戒壇院に伝えられた。江戸時代の復興勧進の際には公慶が借り出して使用し、将軍綱吉やその母桂昌院は柄杓をみて、金子500両などを寄進している。東大寺の勧進活動を象徴するものである。

*1　陳和卿・仏寿……南宋の工人。寿永元年（1182）頃に来日したとされる。弟の仏寿と共に大仏の仏頭鋳造、大仏殿の再建にも尽力した。その後、建保4年（1216）には鎌倉に下向、将軍源実朝に渡宋を進言、大船を造船している。

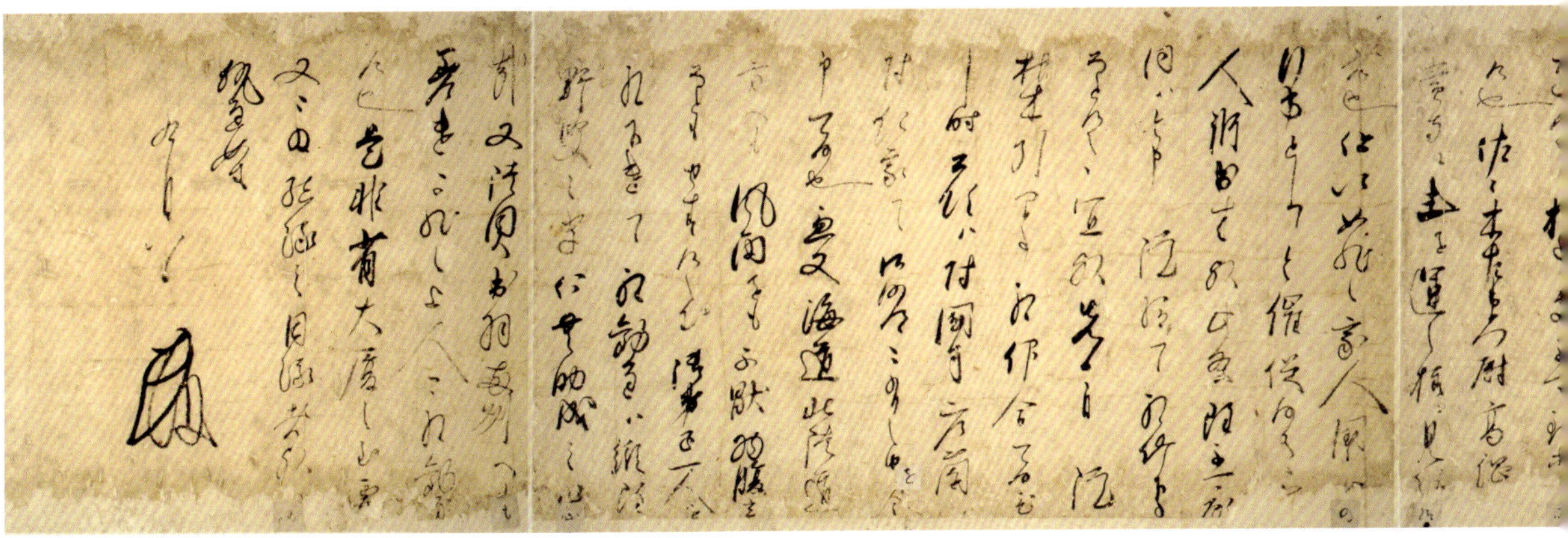

◎東大寺復興を望んだ頼朝の強い思い

源　頼朝書状《みなもとのよりともしょじょう》

東大寺文書　1通　紙本墨書
縦 31.6cm　横 145.5cm
鎌倉時代　文治4年（1188）　国宝

重源の書状に対する源頼朝からの返書で、後白河法皇に対して、何事にも先んじて東大寺復興の御沙汰をあるようにすること、国司や荘園領主に大仏殿用材の運送を命じるように申し上げたことなどを書いている。冒頭に「東大寺の御事、いかでか疎略に存ぜしめん哉」との文言があり、東大寺復興にかける頼朝の思いの強さが示される。近年、修理が完了し、紙継目などが修正された。

文治元年（一一八五）八月二八日に大仏の開眼供養が行われた。この時の様子は『要録』に続く寺誌で鎌倉の東大寺復興から文永年間（一二六四～七五）の主な出来事を記す『東大寺続要録』に詳しく書かれている。

開眼供養前日の二七日に後白河法皇は東大寺に到着、創建時に菩提僊那《ぼだいせんな》が用いた開眼筆と墨を正倉院より取り出した。翌、供養当日は近臣が制止する中、「法皇、先に大仏殿の麻柱を攀《よ》じ登り」、法皇自らが開眼作法を行った。

この時、鍍金《ときん》は仏面のみとあり、修復途中での無理を押しての供養であったことがうかがえる。

◎文治元年（一一八五）、後白河法皇の大仏開眼の様子を伝える

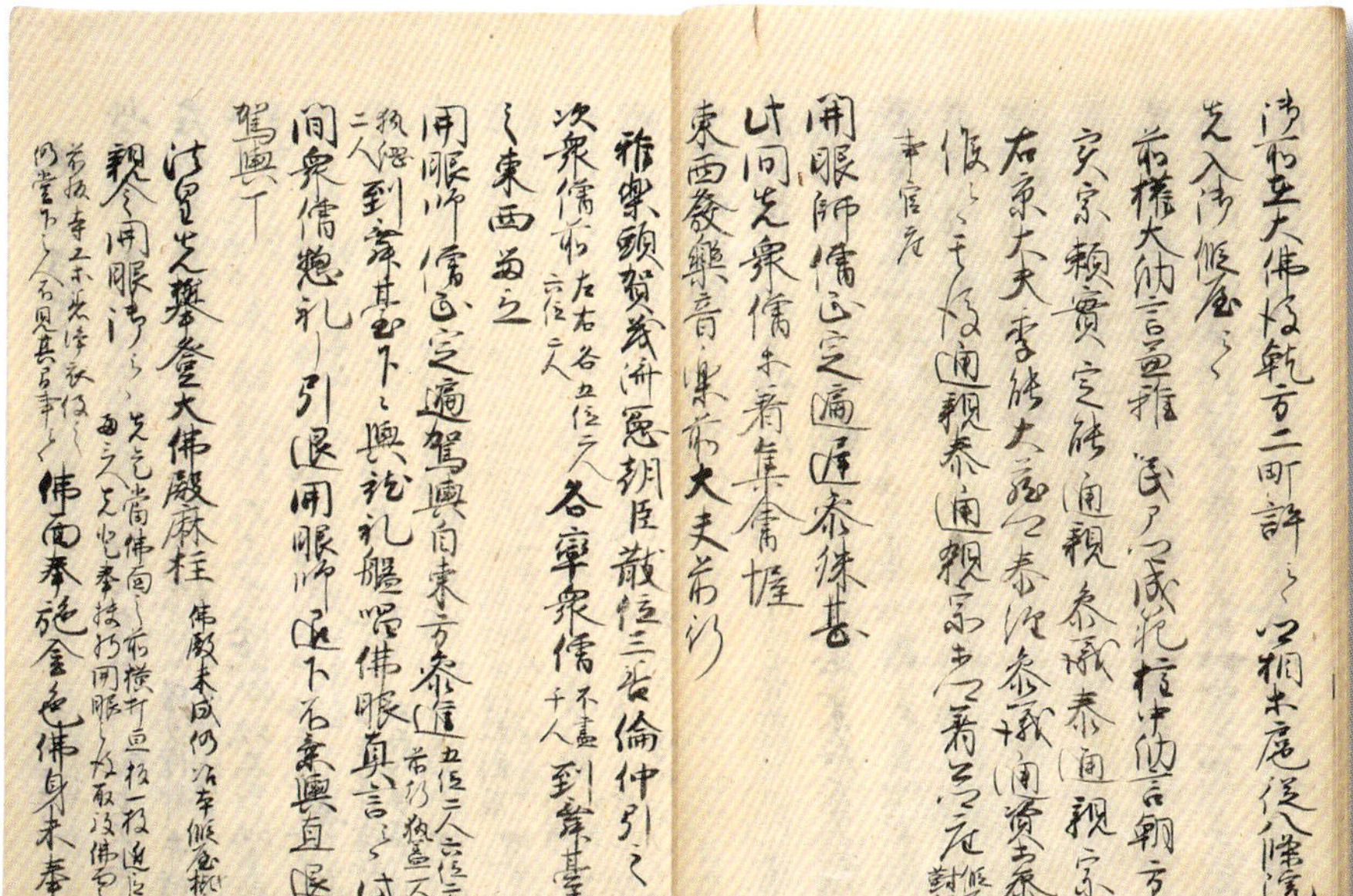

東大寺続要録《ぞくようろく》**　供養編**《くようへん》

紙本墨書　縦 27.9cm　横 21.9cm　室町時代　文明17年（1485）　重要文化財

『東大寺続要録』は鎌倉復興期を中心とした『東大寺要録』に続く東大寺の寺誌。文治元年（1185）8月に行われた大仏開眼供養会で、奈良時代の開眼時に使用された筆を後白河法皇自ら執って開眼した。『東大寺続要録』には「法皇、先に大仏殿の麻柱を攀じ登り、親《みずか》ら開眼せしめたまう」とこの時の様子が記されている。

第3章

大仏殿炎上と復興

鎌倉時代には重源が、江戸時代には公慶が勧進を牽引し、時の権力者たちをも巻き込んで、復興の道を探り続ける。

◆大仏殿の再建

◎まずは巨木の確保から

大仏開眼後、大仏殿再建に用材確保の困難が予想される中、文治二年（一一八六）、用材調達のために造営料国として周防国《すおう》（現在の山口県）が充てられた。重源は番匠を連れて周防国の杣《そま》に入り、直接巨木の確保に奔走した。さらには建久四年（一一九三）には備前国（岡山県）も造営料国として充てられて、用材の確保が進み、さらには重源の入宋《にっそう》経験を生かした大仏様《だいぶつよう》建築の導入によって、一〇年で大仏殿は再建された。

◎頼朝も駆けつけた落慶供養会

建久六年（一一九五）三月一二日、後鳥羽天皇や関白九条兼実をはじめ、すでに征夷大将軍《せいいたいしょうぐん》に任じられていた源頼朝も妻北条政子や鎌倉から数万の

東大寺人物伝⑥

重源《ちょうげん》（一一二一〜一二〇六）謎の前半生

六一歳にして造東大寺大勧進に任命された重源であるが、前半生はかなり不明な点が多い。重源は保安二年（一一二一）、紀氏の流れをくむ、滝口《たきぐち》佐馬《さまの》允《じょう》紀季重《きのすえしげ》の子として誕生、俗名は紀重定（刑部左衛門《ぎょうぶさえもん》）であると紀氏系図に書かれている。長承二年（一一三三）、一三歳で醍醐寺に入り、僧としての第一歩を踏み出している。保延三年（一一三七）頃から四国の諸寺を巡礼、以後、大峯山、熊野、吉野、葛城山、善光寺、白山、立山などで、修験の行者としての研鑽を積んだとされる。また醍醐寺の僧としても『醍醐寺雑事記』に仁平二年（一一五二）醍醐寺円光院で行われた法要の理趣三昧衆《りしゅざんまいしゅう》にその名がみえる。山岳での修行とともに阿弥陀仏に帰依する浄土教（念仏）を信仰していたようで、この縁で浄土宗の開祖・法然と親交を持つようになったとされている。

仁安二年（一一六七）、重源は初めて入宋し、天台山、五台山、阿育王寺《あいくおうじ》を巡拝する。後に京都建仁寺の開山、日本臨済宗の祖となり、重源の後を継いで造東大寺大勧進となった栄西《ようさい》と宋で出会い、翌年ともに帰国している。その後、五六歳の時までに二度入宋していたようで、安元二年（一一七六）に高野山延寿院に施入《せにゅう》した梵鐘に「入唐三度聖人重源」と自ら記している。

大仏殿前の重源ゆかりの菩提樹

◎頼朝、10万騎を連れ上洛

東大寺大仏縁起　下巻　頼朝結縁

芝琳賢筆　3巻　天文5年（1536）　重要文化財

下巻第七段、治承の兵火で甚大な被害を被った大仏殿と大仏は、俊乗房重源の再興勧進によってみごとに復興を遂げた。図は建久6年（1195）3月12日の大仏殿落慶供養の日、源頼朝は鎌倉から10万騎を引き連れて南都に上洛し、大仏殿を三重に取り巻き警護した。中門に着陣した源頼朝は、自らの花押を柱に書き付け大仏に結縁した。

軍勢を引き連れて臨席し、大仏殿落慶供養会が執り行われた。重源には大仏殿再建の功績によって、「大和尚《だいわじょう》」の称号が与えられた。

なお落慶供養会の後、重源はその重責からか、五月一三日に一時高野山へ逐電した。源頼朝は率いてきた軍勢を留め置いて戻るように説得にあたった。重源はその説得に応じて二九日になってようやく東大寺に戻っているが、頼朝が東大寺復興に力を注ぎ、重源を重用していたことをうかがい知れる出来事である。

またこの頃、栄西《ようさい》が天台山から持ち帰った菩提樹を重源が譲り受け、それを東大寺に植えて結縁をしている。

鎌倉～江戸時代の東大寺

元暦2（1185）	源頼朝、再興を助成。
文治元（1185）	大仏開眼供養会。
文治2（1186）	周防国を東大寺造営料国にあてる。 藤原秀衡の寄進。
建久元（1190）	大仏殿上棟式。 源頼朝が密かに参詣。
建久6（1195）	大仏殿落慶供養会。
正治元（1199）	南大門上棟。
建仁元（1201）	快慶、僧形八幡神像造像、開眼供養を行う。
建仁3（1203）	南大門仁王像の開眼供養。 東大寺総供養。
建永元（1206）	重源、入寂。
正嘉元（1257）	「四聖御影」の製作。
永禄10（1567）	三好三人衆と松永久秀の合戦で戒壇院、大仏殿等が焼失、大仏も被災。
貞享元（1684）	公慶上人、幕府に勧進の許可を得、大仏殿再建事業開始。
元禄5（1692）	大仏の修復が完成し、開眼供養を営む。
宝永2（1705）	公慶、入寂。
宝永6（1709）	大仏殿落慶供養会。

重源上人《ちょうげんしょうにん》坐像《ざぞう》

1軀　木造　彩色
像高81.8cm
鎌倉時代（13世紀）
俊乗堂安置　国宝

俊乗房重源は、醍醐寺出身の真言僧、また熱心な浄土教家。養和元年（1181）東大寺復興のための大勧進に補任され、大仏及び大仏殿、南大門などの復興造営を実現させた。重源の肖像彫刻はこの他に山口阿弥陀寺、兵庫浄土寺、三重新大仏寺に伝来するが、この像が最も存在感が強く重源の骨格や佇まいをいかにもリアルに表現している。こうした表現には南宋肖像彫刻の反映があるのであり、さらには身近に侍した仏師が尊崇の念を込めて製作したことにもよるのだろう。

◎御衣木を守る増長天

東大寺大仏縁起　下巻　増長天

3巻　芝琳賢筆　室町時代　天文5年（1536）　重要文化財

下巻第六段、重源上人は東大寺復興のために周防国を賜り、杣から多くの材木を切り出し東大寺に運んだ。図は、周防国から大仏殿安置の四天王像のための御衣木《みそぎ》を海上輸送する途中、多数の海賊がこれを盗み取ろうと狙ったが、その御衣木は高さ五丈ばかりの増長天に変じて海賊を退治してしまうという場面。重源上人の復興造営は神仏が守護したのである。

1 鎌倉時代の再建

◎重源の思想が反映された復興

落慶供養後も復興の活動は引き続いて行われ、建久七年（一一九六）には廻廊、中門の諸建築、大仏殿内では像高六丈（約一八メートル）の大仏　脇《きょう》侍《じ》像や四丈三尺（約一三メートル）の四天王像などの木造巨像が造られた。さらに宋人石工による石造の両脇侍菩薩、四天王、六体の石像が安置された。加えて中門の石獅子も造られている。これらの石材は日本では入手できず、宋から輸入したとされる。大仏殿中門の石獅子は、その後、兵火で大仏殿が炎上する永禄一〇年（一五六七）までには移され、現在南大門に北向きに安置されている。この石獅子は大陸風の印象が強いもので、宋人石工の作によるものであることがうかがえる。

近年、醍醐寺で発見された重源が復興した大仏殿の指図《さしず》には、これらの像の位置、像容、印相《いんぞう》や色彩、願主や作者も記されている。

蓮華座上には「金剛界《こんごう》」「胎蔵界《たいぞう》」の名がみえる。

この両界堂は創建時や現在の大仏殿には見られないもので、重源独特の思想が表れている。重源の事績を書き上げた『南無阿弥陀仏作善《さぜん》集』には両界堂に真言八祖御影《みえい》を安置し、毎日、供養法を行ったとある。また『金光明《きんこうみょう》　最勝王経《さいしょうおうきょう》』の読経も行っている。重源は密教の大日如来と顕教の釈迦如来というような顕密両教の尊格を大仏に見立てていたのである。

◎法華堂礼堂《らいどう》、諸仏の造像

境内諸堂についても八幡宮や戒壇院《かいだんいん》などが再建され、大湯屋や法華堂礼堂が修造された。法華堂は従来、諸仏が安置される正堂と礼堂の二つの堂が並ぶ双堂《ならびどう》の配置であったが、二堂の間に屋根を設けてつなぎ、正治元年（一一九九）、現在みられる一堂のような外観となった。

現在、勧進所八幡殿に安置される僧《そう》

形八幡神《ぎょうはちまんしん》像も八幡宮のご神体として造像されている。像内の墨書銘により、建仁元年（一二〇一）一二月二七日に開眼されたことや造像者は快慶であることがわかる。多くの結縁者《けちえんしゃ》の名も書かれており、高倉天皇、後鳥羽上皇、さらには京都高山寺の明恵《みょうえ》などの名がみられる。

また南大門も再建され、二丈六尺（約七・九メートル）の金剛力士両像は運慶や快慶、定覚、湛慶の四人の大仏師と小仏師らによってわずか六九日という短期間に造られた。

南大門の金剛力士像は配置や持物、手勢は伝統的なものとは異なっている。これらの特徴は宋より請来された京都清凉寺の本尊の納入品の宋画中の図像に見られるもので、入宋経験が豊富な重源の意向が色濃く表れているともいわれている。

金剛力士像の完成直後の建仁三年（一二〇三）一一月三〇日、後鳥羽上皇が東大寺に行幸し、中心伽藍の整備完了を記念する東大寺総供養（「東大寺脇士、四天像、中門・大門等諸天供養」）が行われた。

◎鎌倉再建時の大仏殿内の様子を示す

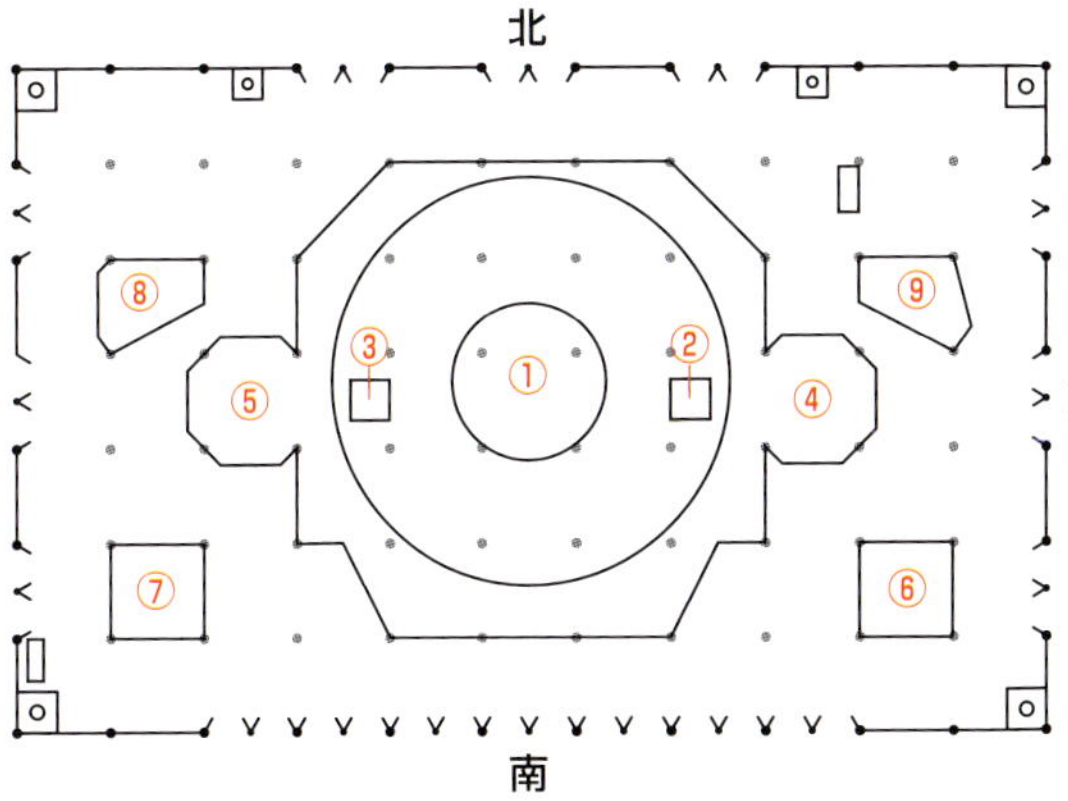

大仏殿図（概念図）

（原本）紙本墨書　縦 58.4　横 72.1　鎌倉時代　弘安７年（1284）　醍醐寺蔵　重要文化財

重源が再建した大仏殿の指図で、蓮華座の上には創建期や江戸期（現在）の大仏殿にはない両界堂（金剛界堂、胎蔵界堂）が設けられている。大仏を曼荼羅の中心に据え、両堂に真言八祖像を安置し長日供養法を勤修していたとされ、重源の信仰の内実が理解できる。殿内安置諸仏の位置、像容、印相、色彩、作者などが書き込まれている。

①**大仏**
左手：膝上与願印　右手：施無畏印

②**金剛界堂**　③**胎蔵界堂**

④**如意輪観音**（東側）
法橋定覚、丹波講師快慶

⑤**虚空蔵菩薩**（西側）
大仏師法眼康慶　法眼運慶　父子

⑥**持国天**
東方天　法眼運慶　建久六年八月
面向西　身色青色　踏赤色一鬼
右手(上)三古戟を執る
左手(下)腰着を押す

⑦**増長天**
南方天　法眼康慶　建久六年八月
面向東　遍身色赤色　踏黒色一鬼
右手腰を押す　左手三戟のほこをつく

⑧**広目天**
西方天　法眼快慶　建久六年八月
面向南　身色肉色　踏赤色一鬼
右手筆を執る　左手巻経を持つ

⑨**多聞天**
北方天　法橋定覚　建久六年八月
面向南　身色黒色　踏青色一鬼
右手(上)塔を居く
左手(下)三戟を執る

南大門に見られる大仏様

写真：矢野健彦／奈良市観光協会

大仏様の特徴の一つ、柱に挿し込まれた挿肘木を見上げる。重源没後、大仏様建築はほとんど見られなくなるが、挿肘木や貫で柱をつなぐ技法は江戸再建の現大仏殿にも使われている。

コラム

台風・地震の揺れに強い大仏様の採用

重源が再建した大仏殿は後述するように、永禄一〇年（一五六七）に炎上し現存していないが、同じく重源が再建した南大門が現存し、そこに大仏様建築の特徴がみられる。屋根が二重にある二重門は従来の「和様《わよう》」建築では上層と下層ごとに別の柱を立てて柱、梁《はり》を層ごとに積み上げているが、大仏様建築では上下層を通す長い柱を使用し、その柱に軒を支える肘木が挿してあり、「挿肘木《さしひじき》」と呼ばれる。挿肘木の上には斗《ます》を置き、さらに挿肘木を置く。南大門ではこれを六段重ねた組物で「六手先《むてさき》」と呼ばれている構造である。各柱は水平方向の貫《ぬき》で繋がれ、大風や地震などからの揺れに耐える構造になっている。また天井を張らずに屋根裏の構造まで見えることも特徴の一つである。

これらの使用部材は寸法を同じにするなどある程度規格化されていて、貫を用いる耐震構造とともに大仏様建築が採用された理由と考えられている。

2 重源の構想

◎東塔の再建

重源は総供養の翌年、元久元年（一二〇四）四月に復興の仕上げとして東塔の再建にとりかかった。重源は六角七重という従来日本になかった塔を構想した。六角七重の塔は金剛力士像と同じく清涼寺本尊の納入品の宋画中にも描かれるもので、重源の入宋経験による構想のものと考えられている。重源は東塔の再建に際し勧進状《かんじんじょう》を認めている。それは人びとに喜捨を求めるものではなく、塔が完成した暁には童たちに『法華経』を暗唱させて大仏殿と塔前で千部法華経を転読させて供養する旨のものである。

東塔の再建については、講堂や僧房の再建の優先を主張する東大寺大衆との間で対立を生じたとされる。

◎栄西《ようさい》の伽藍復興

東大寺の復興にその後半生をささげた重源は東塔の再建途中、建永元年（一

鐘楼《しゅろう》

鎌倉時代　建永元年（1206）～建保３年（1215）　国宝

写真：矢野健彦／奈良市観光協会

大仏殿東方の台地上に建つ。天平勝宝４年（752）製作とされる大梵鐘を吊る。鐘楼は平安時代を通じて何度か修理されているが、現在のものは重源に継いで東大寺大勧進職となった栄西（1141 ～ 1215）が建永元年（1206）から承元４年（1210）の間に建造した。

◎東大寺南大門仁王像の手本とされる請来品

霊山変相図《りょうぜんへんそうず》

１枚　紙本版画　縦 77.9cm　横 41.1cm　中国・北宋時代（10 世紀）　京都・清涼寺蔵　国宝

東大寺の奝然《ちょうねん》が中国五台山などを巡歴して帰朝したのは寛和２年(986)のことで、その際に後漢の雍熙２年(985)造立の釈迦如来像(優塡王思慕像)を請来した。本図はその納入品。図の上半には釈迦説法図、下半には『法華経』見宝塔品による二仏並坐の情景を表している。釈迦説法図最前の仁王像の図像は南大門の木造仁王像の図像に一致する。また重源が復興企画した七層の東塔は本図のように六角七重であった（「重源上人勧進状」。実際には栄西により四角七層に建造された）。

東大寺人物伝 ⑦

栄西《ようさい》（一一四一～一二一五）

明庵栄西は備中《びっちゅう》国の生まれ。吉備津《きびつ》神社の神官家の出ともいわれる。仁安三年（一一六八）四月に宋へ渡り、重源に出会う。共に天台山万年《まんねん》寺や阿育王《あいくおう》寺を巡拝、九月に帰国した。文治三年（一一八七）再度入宋し、臨済禅を学んだ。建久二年（一一九一）に帰国すると博多聖福寺を建立、幕府の帰依も受け鎌倉万寿寺の開山に迎えられた。建仁二年（一二〇二）には京都に建仁寺を建立した。建永元年（一二〇六）六月に重源が入寂すると九月には東大寺大勧進職に任じられ、翌年に当時貴重であった唐筆と唐墨を東大寺に献上した。重源のあとを受けて、東塔の第二層を立柱、鐘楼を再建した。東大寺勧進職と同時期に京都法勝寺塔造営の奉行にも任じられたためか東大寺での復興は順調とは言えなかった。『喫茶養生記《きっさようじょうき》』、『興《こう》禅護国論《ぜんごこくろん》』など多くの著作がある。

二〇六）六月五日、東大寺境内、現在、俊乗《しゅんじょう》堂が建つ場所にあった浄土堂において八六年の生涯を閉じた。

重源没後は栄西が大勧進を継いだ。伽藍復興の活動は継続され、鐘楼の再建や東塔第二層の立柱が行われた。とりわけ鐘楼は、大仏様とも、のちに禅宗様といわれる様式とも違った新たな建築様式が採用された。

建保三年（一二一五）、栄西が入寂すると、大勧進の職はその弟子の行勇《ぎょうゆう》が継ぐこととなった。行勇が大勧進在職中の嘉禄三年（一二二七）に東塔の再建がなり、嘉禎三年（一二三七）には講堂が上棟《じょうとう》されている。しかし完成した東塔の平面構造は重源が構想した六角のものではなく、四角に変更されていたのである。

ちなみに歌舞伎の十八番として名高い演目「勧進帳」は、重源の東大寺復興の勧進活動を題材とした能「安宅」をもとにしてつくられ、弁慶が安宅の関守・富樫氏の前で復興の勧進帳を朗々と読み上げる場面はよく知られている。江戸時代の東大寺復興の際、公慶は将軍綱吉の前で舞われる「安宅」を一緒に観覧、綱吉に復興の思いを熱く語ったとされる。

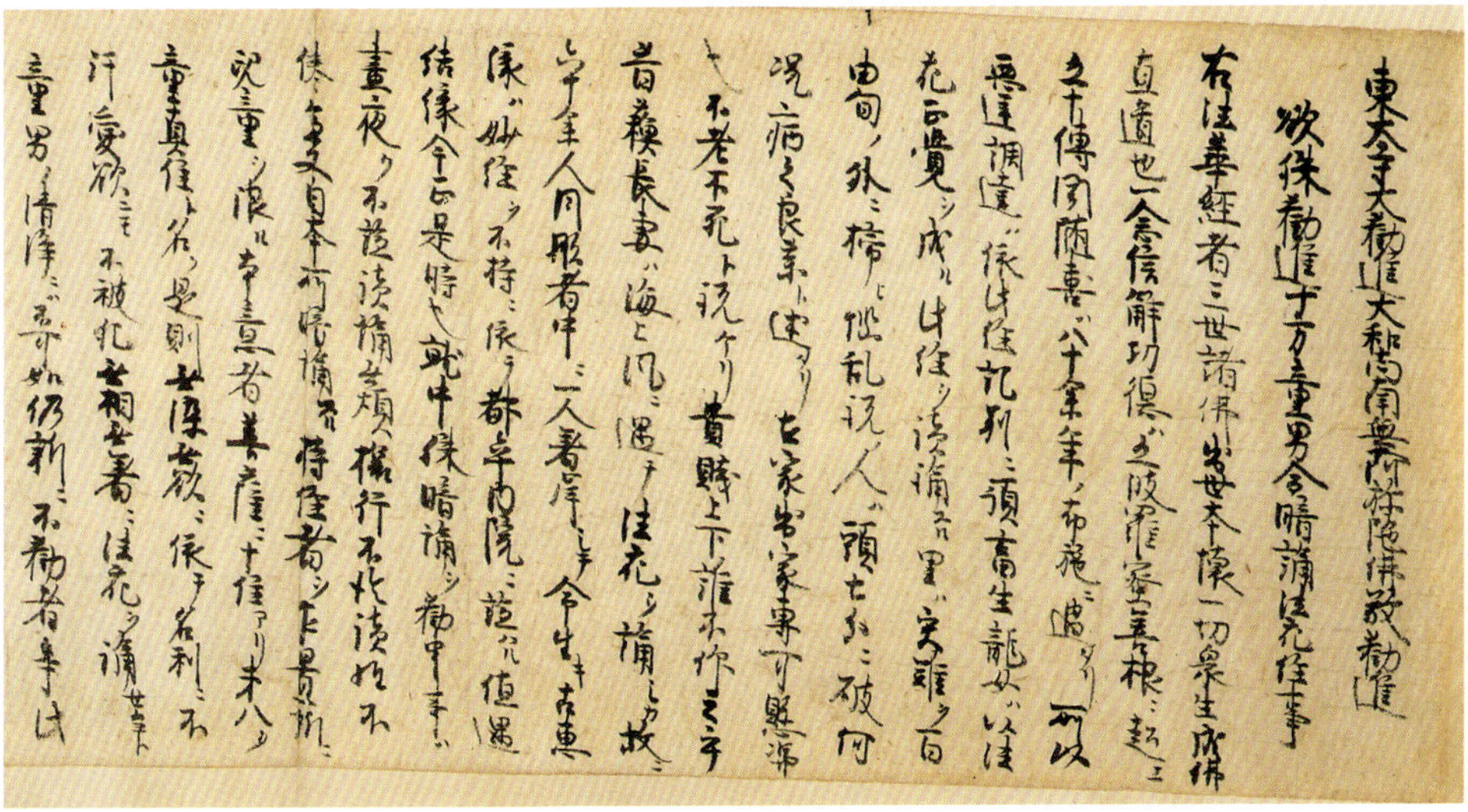

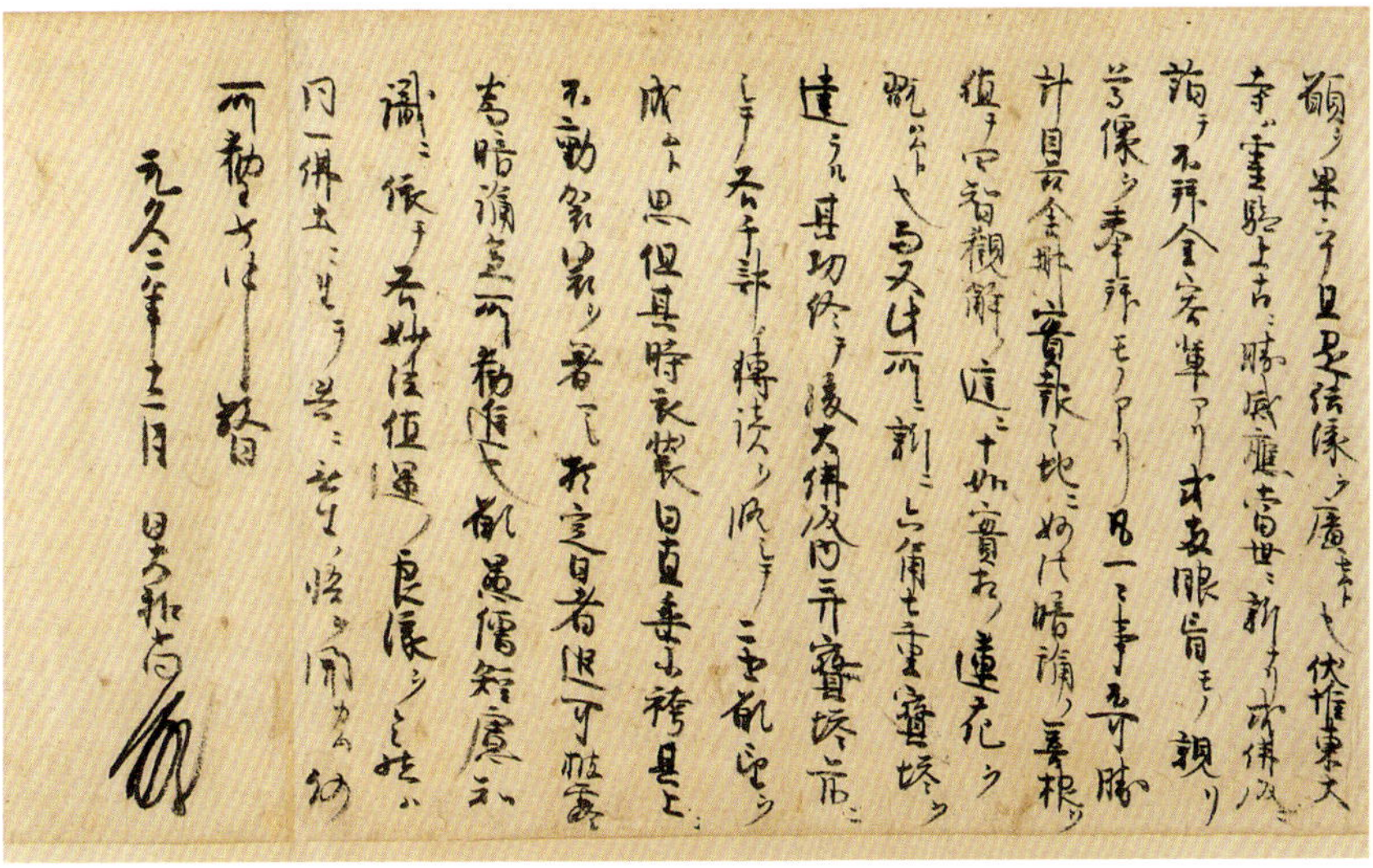

◎重源が死の半年前に書いた東塔再建への情熱

重源上人勧進状《ちょうげんしょうにんかんじんじょう》

紙本墨書　縦 34.5cm　横 156.3cm　鎌倉時代　元久２年（1205）　重要文化財

東大寺の伽藍をほぼ復興させた重源は元久元年（1204）に東塔の再建に取りかかった。本状は塔の完成を願い、完成の折りには大仏殿と塔前で童（子供）に功徳のある法華経を暗唱させて供養するというものである。重源が亡くなる半年前、85 歳の自筆状であり、その筆勢からは再建にかける重源の情熱が伝わってくる。

3 鎌倉〜江戸時代の文化財

治承四年（一一八〇）の平重衡《たいらのしげひら》の兵火で大仏殿が焼亡し大仏も甚大な損傷を被った。俊乗房重源はすでに六〇歳となっていたが願い出て大勧進職として東大寺の復興に携わり、南宋の陳和卿を得て大仏の鋳造に成功する。また大仏殿は天平の規矩《きく》に倣《なら》って再建される。「大仏殿図」（醍醐寺蔵）には再建された大仏殿の中の諸像安置の状況、規模などが記されている（65頁参照）。南大門および木造金剛力士像（仁王像）もこの復興期の造顕で、運慶、快慶をはじめとする清新な感覚の南都仏師の活躍が見られる。

大仏殿は室町時代に再び兵火によって焼亡し大仏もまた罹災したが、これを復興したのが公慶上人である。江戸時代の元禄四年（一六九一）には大仏の修復がすべて完成し、宝永六年（一七〇九）には大仏殿落慶供養が行われた。室町時代からこの公慶による復興の間には、勧進に関わる多種類の文化財もあって注目される。

◎大寺院の門にふさわしい大きく重厚な構え

南大門《なんだいもん》

鎌倉時代　正治元年（1199）　国宝　写真：奈良市観光協会

天平創建の南大門は平安時代に数度倒壊し、応保元年（1161）には再建された。治承4年（1180）の平重衡の兵火では損傷を受けたかどうか明らかではない。現在の南大門は俊乗房重源（1121〜1206）によって天平の礎石の上に再建され正治元年（1199）に上棟、建仁3年（1203）の総供養には南大門と一体に安置された仁王像とが竣工している。長大な柱を用い挿肘木を重ね、貫を多く用いる大仏様と言われる建築様式で、中国宋代南方の建築を学んだものとされる。

◎手向山八幡宮のご神体として祀られていた快慶の代表作

僧形《そうぎょう》八幡神《はちまんしん》坐《ざ》像《ぞう》

1躯　快慶作
木造　彩色 像高 87.1cm
鎌倉時代　建仁元年（1201）
勧進所八幡殿安置　国宝

奈良時代の東大寺大仏造顕時に宇佐八幡宮から八幡神が勧請され祀られたが、治承の兵火で焼失し、その後八幡殿（手向山神社）とともに重源が復興造顕した。建仁元年（1201）の年紀がある胎内銘には、快慶を施主として多くの結縁者名が記される。頭部には五輪塔が納入され、銘文中には金胎の大日如来、阿弥陀三尊などが梵字で表される。八幡神とその本地仏である阿弥陀仏、五輪塔が象徴する大日如来などとの関係を示すもので、造像の要には重源がいたことは明らかである。光沢のある美しい彩色は南都に下向した絵仏師有尊が担当した。

◎東大寺鎮守の手向山八幡宮の縁起を表す絵巻

八幡《はちまん》縁起《えんぎ》絵巻《えまき》

2巻　紙本著色　上巻：縦 33.7cm　長 1691.0cm　下巻：33.7cm　長 1788.0cm　室町時代　天文４年（1535）

神功皇后、応神天皇などの説話や、宇佐八幡宮の創建、和気清麻呂《わけのきよまろ》への託宣などを表した後に、東大寺手向山八幡宮への八幡神の影《よう》向《ごう》、貴顕の参詣の様などを描いている。絵は南都絵所の絵師と思われる宗軒で、明快な彩色が美しい。詞は三条西実隆《さんじょうにしさねたか》の息である東大寺公順によっていて、祐全が勧進し天文４年（1535）に八幡宮に奉納された。

◎運慶の監督のもと、慶派の実力派が腕をふるった
鎌倉彫刻の傑作

金剛力士《こんごうりきし》 立像《りゅうぞう》　２軀　運慶・快慶他作　木造　彩色　像高　阿形 836.3cm　吽形 842.3cm
鎌倉時代　建仁３年（1203）　南大門安置　国宝　写真：井上博道

治承の兵火後に重源が新しい建築様式（大仏様）で再興した南大門の東西に安置される巨大な仁王像。形の典拠は中国・宋時代に求められるが、同じ東大寺法華堂の天平古像などをよく学んで製作したとみられる。向かって左の阿形には大仏師運慶と快慶、右の吽形には大仏師定覚と湛慶の名前がある。この中では最も上位の運慶が全体を監督し製作したと推測される。東大寺鎌倉復興期に製作された、記念碑的造像である。

◎臨終仏として用いられた端正な如来像

阿弥陀如来立像《あみだにょらいりゅうぞう》

1軀　快慶作　木造　金泥　像高 98.7cm
鎌倉時代（13 世紀）　俊乗堂安置　重要文化財

いわゆる安阿弥様《あんあみよう》の美しい仏像である。安阿弥（安阿弥陀仏）とは浄土教者としての快慶の号であり、重源が命名した。記録によって建仁２年（1202）から翌３年にかけて、快慶によって製作されたことがわかる。重源が私財を投じ、施主は法橋寛顕、供養導師は解脱房貞慶である。全身金泥塗の上に精緻な截金文様を施したのは承元２年（1208）と少し遅れる。実際に建保４年（1216）、寛顕の臨終仏として用いられたという。像内に五輪塔などの納入品が確認された。大日即阿弥陀という密教浄土教信仰が反映しているとみられ重源周辺の浄土教を考えるときに見過ごせない。

◎快慶、円熟期の境地へ

地蔵菩薩立像《じぞうぼさつりゅうぞう》

1軀　快慶作　木造　彩色　像高 89.8cm
鎌倉時代（13 世紀）　公慶堂安置　重要文化財

左手に宝珠、右手には本来錫杖《しゃくじょう》を持ち、右足をやや開いて立つ地蔵菩薩像。錫杖を持つのは釈迦滅後の無仏世界の衆生を救う姿であるとされ、宝珠は舎利に通じて釈迦の遺法の象徴と見られる。蓮華座の下には後補とされる飛雲があり、鎌倉時代の地蔵菩薩の図像にはこうした来迎形の遺例がある。彩色がよく保存され、また瓔珞等の金具も当初のままである。像内には文書等の納入品が確認されている。快慶が法橋であった時代（1203 年以降、1208 年以前）に製作されたことが右足ほぞの朱入刻銘の形式からわかる。

◎当時流行した図像か？

十一面観音像

1幅　絹本著色　縦 99.3cm　横 48.9cm
鎌倉時代（13 世紀）　重要文化財

十一面観音が補陀落山《ふだらくせん》から海を越えてあたかも来迎するように表される。掛幅本「東大寺縁起」（鎌倉時代後期、20頁参照）には、実忠が難波津で本図と同図像の十一面観音像を迎えるところが描かれていて、その場合は二月堂小観音を表しているとみられ、本図図像を考える上で参考になる。観音の肉身は細身であり、それに施した金截金や銀泥暈《ぼ》かしを使用する精緻な彩色表現が注目される。

◎五劫院像の兄弟仏

五劫思惟阿弥陀如来坐像《ごこうしいあみだにょらいざぞう》

1軀　木造　像高 106.0cm　鎌倉時代　13 世紀
勧進所阿弥陀堂安置　重要文化財

伸びきった髪の阿弥陀如来像。この図像の原形はおそらく中国・南宋時代に求められ重源周辺にもたらされたものであると推測されている。法蔵菩薩（阿弥陀仏の前身）は五劫[*1]という限りなく長い間思索にふけって衆生を救うための四十八願を立て、願成って阿弥陀仏になったという。この時間の長さを伸びきった頭髪で表す。奈良・五劫院像に次いで製作されたものと考えられる。もとは二月堂北の阿弥陀堂に安置されていた。

◎舞楽の数だけ存在する個性豊かな面々

舞楽面

2面　木造　彩色　皇仁庭：縦 20.8cm　陵王：縦 34.8cm
平安～鎌倉時代（皇仁庭 1042、陵王 1259）　重要文化財

舞楽は唐楽や高麗楽、林邑楽などの演奏と舞が備わる外来の雅楽である。奈良時代に伝わったが平安時代後期から鎌倉時代に最も盛んになる。寺院や神社で法会や神事に際して奉納された。東大寺には長久3年（1042）の華厳会に用いられた皇仁庭面をはじめ平安時代後期から鎌倉時代のすぐれた舞楽面が多数伝わる。手向山八幡宮に伝来する舞楽面も一連の作とみられる。

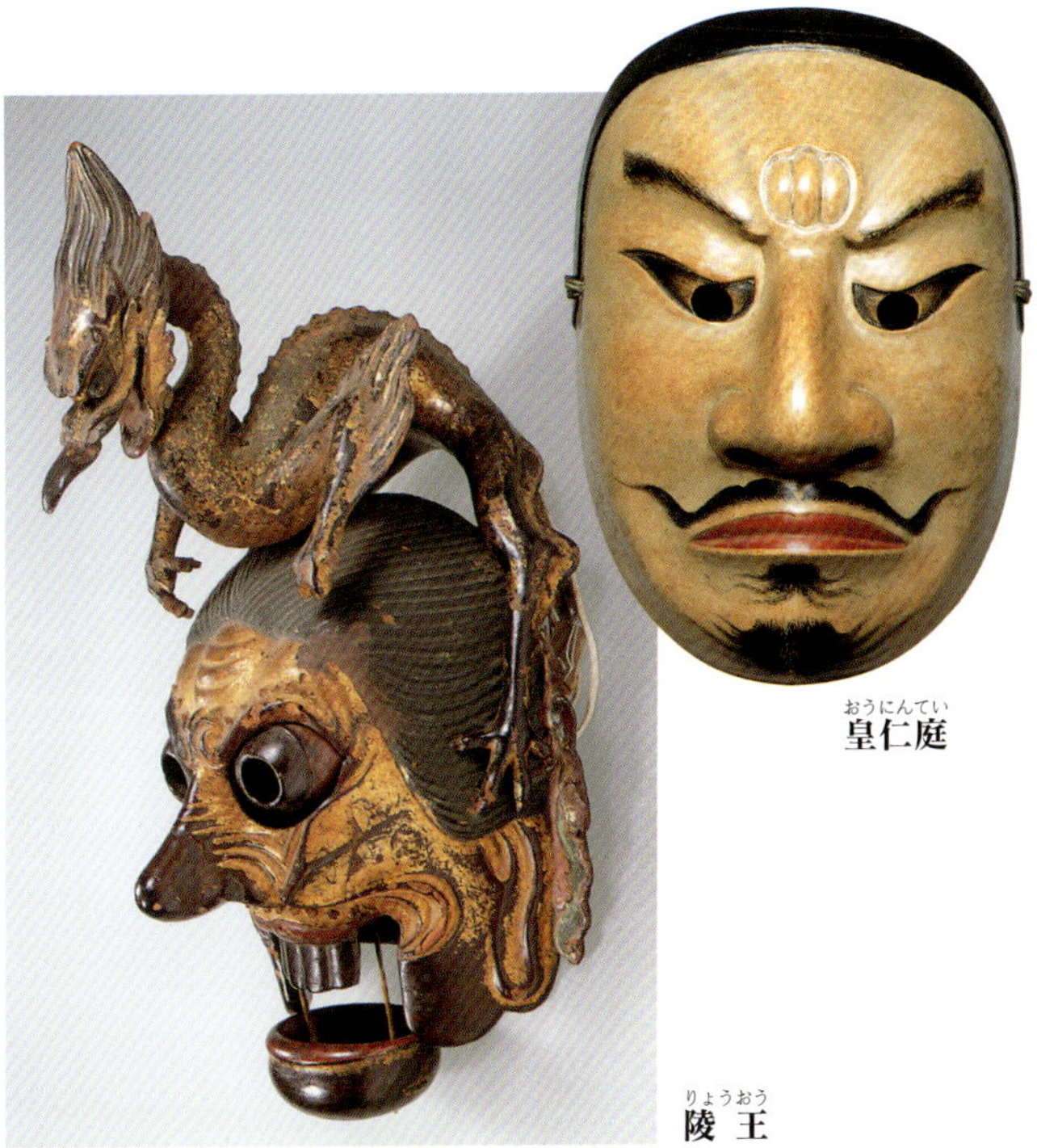

皇仁庭《おうにんてい》

陵王《りょうおう》

*1　劫……非常に長い時間を表す単位。一劫は、天女が何年かに一度（3年、100年と諸説あり）同じ岩に舞い降りて来て羽衣で岩を撫で、その岩がすり減って無くなるまでという、途方もない長い時間にたとえられる。

4 教学の復興
—東大寺の学僧 円照《えんしょう》・宗性《そうしょう》・凝然《ぎょうねん》—

◎戒壇院を中心にひろがる学問交流

伽藍の復興が一段落つく頃、教学の復興も活発となり、鎌倉時代中期の仏教本来の姿に立ち返ろうとする戒律復興の気運の高まりと相まって、東大寺は八宗兼学《はっしゅうけんがく》の名に恥じない活動が活発に行われていた。その拠点として戒壇院を再興したのが円照であった。後に戒壇院中興の祖といわれた円照は、律学などの仏典講義を行い、多くの弟子の育成に尽力した。

弟子の一人、凝然は師円照の講義を助けるかたわら円照の兄である真言院聖守から真言を、尊勝院宗性から華厳を学んだ。『華厳経探玄記洞幽鈔《けごんきょうたんげんきどうゆうしょう》』、『梵網戒本疏日珠鈔《ぼんもうかいほんそにしゅしょう》』など多数の著作を遺した。中でも諸宗を通観した『八宗綱要《はっしゅうこうよう》』は後世にも大きな影響を与えている。凝然の門下には和泉久米田寺の禅爾《ぜんに》、鎌倉称名寺の湛睿《たんえい》などがおり、その学問交流は戒壇院を中心に各地に広がりをみせたのである。

◎元寇のきっかけになった外交史料が書き写された貴重な史料

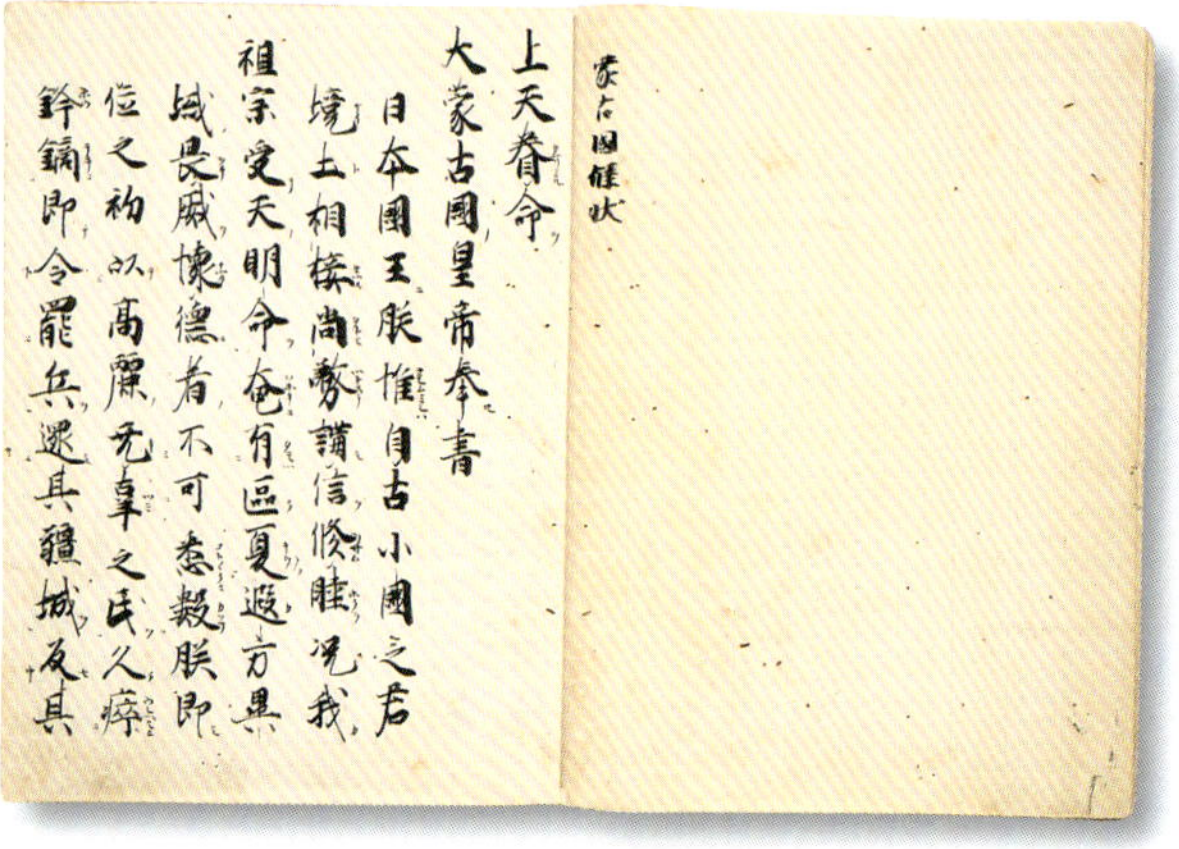
蒙古国牒状
上天眷命
大蒙古國皇帝奉書
日本國王朕惟自古小國之君
境土相接尚務講信修睦況我
祖宗受天明命奄有區夏遐方異
域畏威懷德者不可悉數朕即
位之初以高麗无辜之民久瘁
鋒鏑即令罷兵還其疆域反其

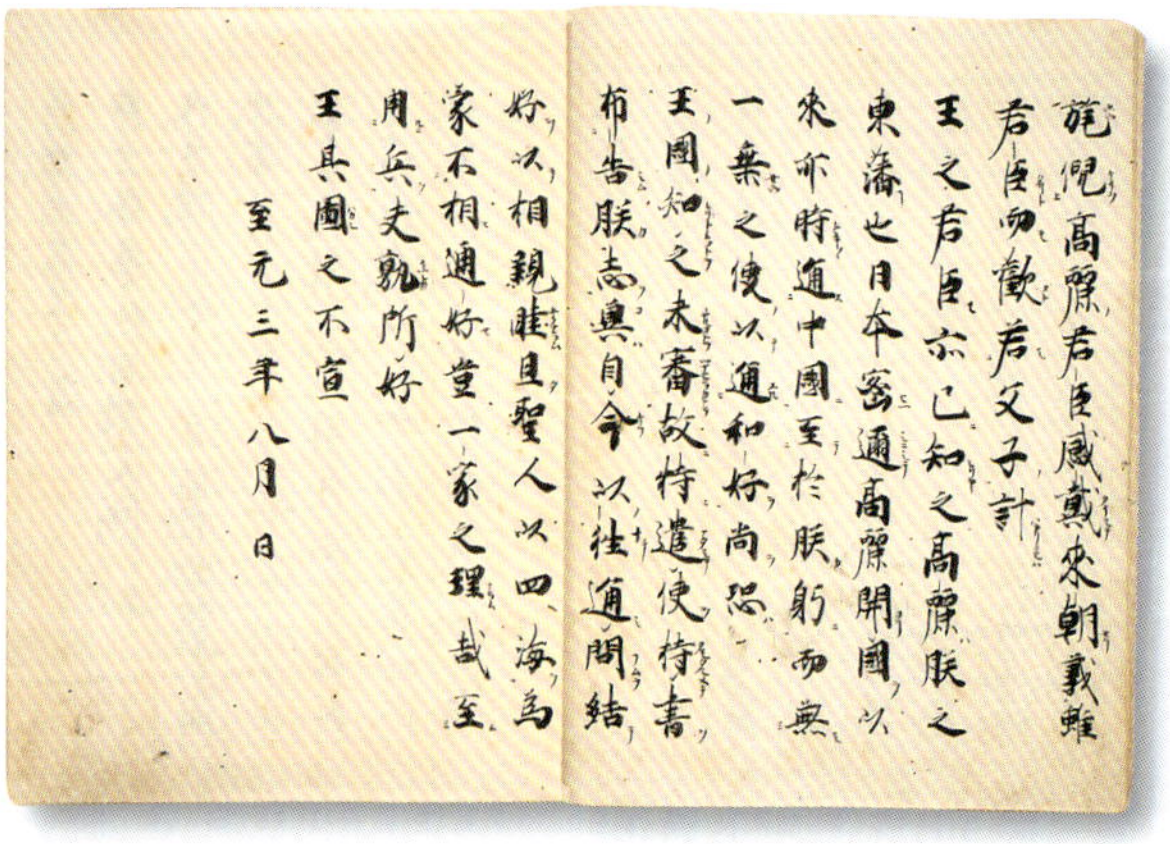
旄倪高麗君臣感戴來朝義雖
君臣而歡若父子計
王之君臣亦已知之高麗朕之
東藩也日本密邇高麗開國以
來亦時通中國至於朕躬而無
一乘之使以通和好尚恐
王國知之未審故特遣使持書
布告朕志冀自今以往通問結
好以相親睦且聖人以四海為
家不相通好豈一家之理哉至
用兵夫孰所好
王其圖之不宣
至元三年八月日

調《ちょう》伏《ぶく》異《い》朝《ちょう》怨《おん》敵《てき》抄《しょう》（蒙古国牒状）
紙本墨書　縦 39.4cm　横 25.5cm
鎌倉時代　文永５年（1268）　重要文化財

文永５年（1268）２月に京都亀山殿大多勝院で開催された後鳥羽院御八講に勤仕した宗性が宿泊先で書物を借り受けて写した論議抄。この中に元寇の引き金となった「蒙古国牒状」「高麗国王書状」といった外交関係の史料も書写した。宗性は奥書で「当時天下無双の勝事」であり「後覧のために」書写したと記している。

東大寺人物伝 ⑧
円照《えんしょう》（一二二一〜一二七七）

東大寺真言院を再興、新禅院を創設した聖守《しょうしゅ》の実弟にあたり、承久三年（一二二一）に生まれた。出家後は延暦寺、園城寺や京都の寺々を巡り、奈良へ戻ると興福寺良遍《りょうへん》の元で法相を修学、西大寺叡尊《えいそん》に律を、東福寺円爾《えんに》に禅を学んだ。

正嘉元年（一二五七）には東大寺大勧進に任じられ、僧房、二月堂、法華堂などを修理した。貴賤の帰依も深く、後嵯峨院には法相、三論を進講、院をはじめ鷹司、西園寺らに菩薩戒を授けている。戒壇院を中心に律宗の復興、流布など教学活動にも力を注ぎ真照、忍空、凝然など数多くの子弟を養育した。

円照上人像（部分）

凝然の華厳の師である尊勝院宗性は藤原隆兼の子息。尊勝院で華厳を学ぶ一方、寺内外の法会や朝廷、院での法会などにも勤仕している。また興福寺、法隆寺、薬師寺など南都諸寺、京都栂《とが》尾《のお》の高山寺や笠置《かさぎ》寺などに遊学し先師学匠の遺著などを多数書写、抄録した。これらの内容は多彩なもので、各宗の仏典はもちろん、家伝や系図なども書写している。なかでも『調伏異朝怨敵抄』と題される一帖には「蒙古国牒状」「高麗国王書状」が全文書写され、元《げん》寇《こう》にいたる政治情勢を伝える貴重な史料である。

◎当時の戒壇院僧房の様子を垣間見る

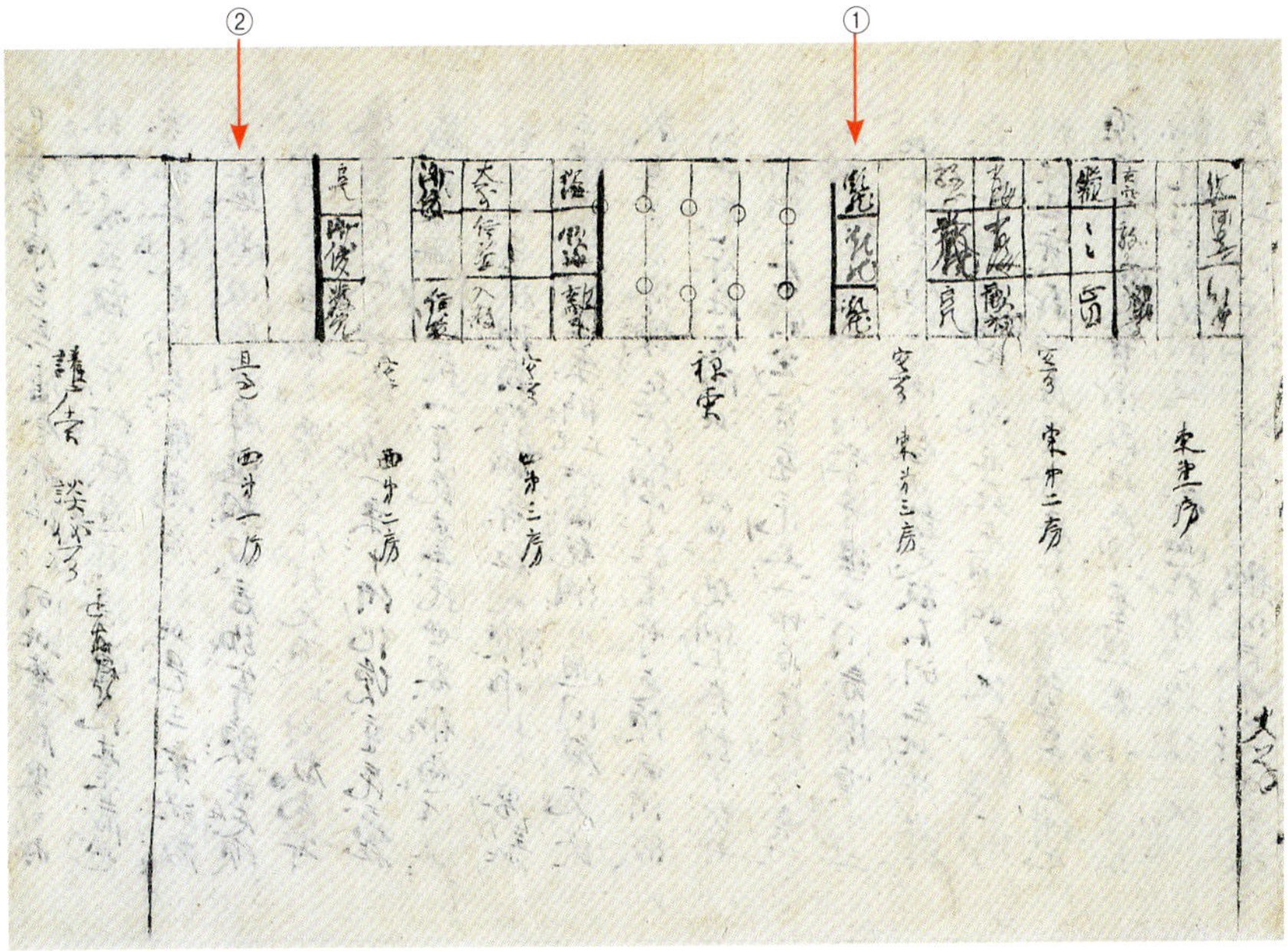

梵網《ぼんもう》戒本《かいほん》疏《そ》日珠《にしゅ》鈔《しょう》紙背《しはい》

紙本墨書　縦 27.9cm　横 1272.0cm　鎌倉時代　建治２年（1276）　重要文化財

法蔵の『梵網経菩薩戒本疏』について諸学説を引用し、南都正統律の立場から凝然の解釈を述べた書で全 80 巻。44 巻が現存する。凝然の著書は書状や反故紙の紙背を利用して記されているものが多く、写真は戒壇院北僧房の図で、東第三房の３室を凝然が占有していた（①）。左端には聴講に来た僧が止宿する場、旦過の施設がある（②）。

◎法会《ほうえ》の復興

このほか、中絶していたさまざまな法会も復興された。当時、主要な法会ではなかった「お水取り」の名で知られる二月堂修二会《しゅにえ》も東大寺伽藍の壊滅から存続の危機にあった。しかし参籠《さんろう》する僧らの努力により「不退の行法」との意識が生まれ、現在まで一二五〇回以上も途絶えることなく続けられている。

またこの時代、再興されるものばかりではなかった。聖武天皇の五百年遠忌に当たる建長九年（正嘉元年、一二五七）に大仏の造立に関わりの深い四人（本願の聖武天皇、開眼導師の菩提《ぼだい》僊那《せんな》、初代別当の良弁《ろうべん》、勧進を担った行基《ぎょうき》）の忌日ごとに行う四聖講《ししょうこう》が新たに開始された。その本尊として前年に四聖御影が真言院聖守によって製作され、僧房の北室に安置された。

東大寺人物伝 9

凝然《ぎょうねん》（一二四〇〜一三二一）

仁治元年（一二四〇）、伊予国の生まれ。戒壇院の円照に師事し、尊勝院宗性に華厳、真言院聖守に真言を学んだ。禅や浄土にも通じていた。著書は膨大な量にのぼり、一二〇巻にも及ぶ『華厳経探玄記洞幽鈔』や八〇巻の『梵網戒本疏日珠鈔』といった大部なものからインド、中国、日本の仏教歴史概説『三国仏法伝通縁起』や八宗の歴史や教学を概観した『八宗綱要』といった概説書など八宗に通じていた凝然ならではの著書がある。後宇多天皇に『華厳経』を進講、建治二年（一二七六）に国師号を賜った。門下に和泉久米田寺禅爾、鎌倉称名寺湛睿などがいる。

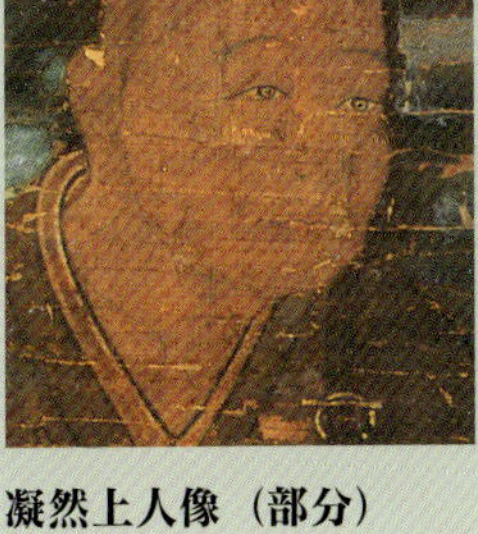

凝然上人像（部分）

特集　年中行事

東大寺の年中行事

中世の東大寺においては国家の大寺として華厳会《けごんえ》や梵網会《ぼんもうえ》、万灯会《まんとうえ》など年に十二の法要が営まれ、十二大会と呼ばれていた。このほかにも修正会《しゅしょうえ》や修二会《しゅにえ》などが行われていた。

現在では別表にあるように忌日などの月例の法要や月日が特定している年次法要など年間で延べ約二〇〇日の法要が行われている。十二大会の流れをくんでいるものでは仏生会《ぶっしょうえ》、御斎会《ごさいえ》（聖武天皇祭）、解除会《けじょえ》のみである。現在、東大寺を代表する行事の一つである二月堂修二会は、十二大会には含まれていないのである。修二会に参籠する者の「途絶えさせてはいけない」という思いが一度も途絶えることなく続いている行法であるという神秘性を高めている。

なお現在の法要は明治六年（一八七三）の新暦（太陽暦）の採用で基本的には一ヶ月遅らせて行われている。

仏生会《ぶっしょうえ》

写真：井上博道

4月8日の釈迦誕生の日を祝う法会。『華厳経』、『大品経』、『大集経』、『法華経』、『涅槃経』の要旨を述べ、四弘誓願《しぐしょうがん》をとなえる。僧侶や参詣者は花で飾った小堂（花御堂《はなみどう》）に安置された右手で天を指し、左手で地を指す仏像、誕生仏に甘茶を灌ぐ。花御堂は緑の杉葉で覆われ、馬酔木《あしび》の花と椿の花で荘厳される。甘茶を灌ぐ行為から浴仏会、灌仏会ともいわれる。

解除会《けじょえ》

7月28日に行われる法会。民間習俗の夏越祓《なごしのはらえ》、水無月祓《みなつき》と同様、茅《ち》の輪《わ》をつくり疫病退散を祈って行われる。延喜元年（901）に東大寺をはじめ南都七大寺の僧240～50人、楽人60余人を講堂に集め、始めたと伝えられる。当初は観音の画像を新写して除疫を祈願し、「解除」と大書した御幣を2本つくって講堂の前庭に立てたといわれる。

年中行事

一月一日	初詣	大仏殿・二月堂
一月七日	修正会	大仏殿
二月三日	節分・星祭	二月堂
二月二〇日～末日	修二会　前行	戒壇院（別火坊）
三月一日～一五日	修二会　本行	二月堂
四月八日	仏生会	大仏殿
四月二六日	花まつり千僧大般若法要	大仏殿
五月二日	聖武天皇祭	天皇殿・大仏殿
五月三日	山陵祭	佐保山御陵
七月五日	俊乗忌	俊乗堂
七月二八日	解除会	大仏殿
八月七日	お身拭い	大仏殿
八月九日	功徳日	二月堂
八月一三日～一四日	夜間参拝	大仏殿
八月一五日	万灯供養会	大仏殿
九月一七日	十七夜	二月堂
一〇月五日	転害会	勧進所八幡殿
一〇月一五日	大仏さま秋の祭り	大仏殿
一一月一四日	賢首会	勧進所八幡殿
一二月一四日	仏名会	二月堂
一二月一六日	良弁忌	開山堂
一二月三一～一月一日	除夜の鐘	鐘楼

＊日程は変更になる場合があります。

万灯《まんとう》供養《くよう》会《え》

写真：奈良市観光協会

8月15日夜に大仏殿において行われる仏事。中門から大仏殿までの参道や東西の廻廊には内部に3つの灯がある3000基の灯籠が並べられ、大仏殿内で『華厳経』が読誦され、祈願者の名前や願文が読み上げられ、また三界の諸霊の追善供養が行われる。昭和60年（1985）に始められた。大仏殿正面の観相窓《かんそうまど》（桟唐戸）が開き、大仏尊顔が灯火に浮かび上がる。なお、鎌倉時代12大会の1つに数えられている万灯会は、毎年12月14日に大仏殿で行われていた。

お身《み》拭《ぬぐ》い

写真：奈良市観光協会

江戸時代には大仏殿煤払として12月に行われた記録があり、また3年もしくは5年おきと不定期に行われるものであった。昭和40年代頃から8月に行われるようになり、現在では8月7日、年に1度の行事となった。当日は大仏の魂を抜く撥遣作法の後、午前7時過ぎより、はたきや雑巾などを使い、3時間ほどで全身が拭われる。

5 室町時代の東大寺

◎足利氏の支援

時は移り、足利氏が権力の座につき室町幕府を開いた。源氏の流れをくむ足利氏は源頼朝によって再興された東大寺の伽藍整備に支援を惜しまなかった。三代将軍の義満は戒壇堂《かいだんどう》で受戒《じゅかい》をするなど何度も東大寺に下向し、法華堂、二月堂へも参詣している。二月堂では本尊十一面観音に供えられる香水《こうずい》を服し、修二会《しゅにえ》中に使用する「尾切《おぎり》」、「小鷹《こだか》」の銘のある法螺貝《ほらがい》の音色を楽しんだりしている。義満は法螺貝の音色を「尾切の音は横なり、老獅子の吼《ほ》ゆるが如し、小鷹は竪なり。嬰児《えいじ》の母に戯《たわむれ》るが如きなり」と賞賛したという。また再建後、康安二年（一三六二）に落雷によって再び焼失した東塔の造営のために荘園を寄進している。

四代将軍義持も各地の東大寺領荘園を安堵《あんど》し、東大寺から流失していたゆかりの経巻や大仏を鍍金するための金箔を寄進している。

義持は応永二四年（一四一七）に東大寺に下向し、鍍金がされて金色に彩られた大仏を拝している。

◎戒壇の焼失

この後、東大寺はしばらく罹災《りさい》が続く。文安三年（一四四六）元旦、円照や凝然が活躍した戒壇院は受戒堂、長老坊などの諸堂がことごとく焼失した。さらに永正五年（一五〇八）三月には、講堂より出火し、三面僧房も類焼してしまった。

しかしここでもまたすぐに再興の努力がなされた。戒壇院炎上から八ヶ月後には、戒壇院講堂の柱立が行われ、享徳元年（一四五二）九月には戒壇院再興のため、勧進《かんじん》が開始された。時の将軍・足利義政はそれを追認するように、翌年一一月に再興勧進の許可を出した。

◎義満、東大寺巡礼の記録

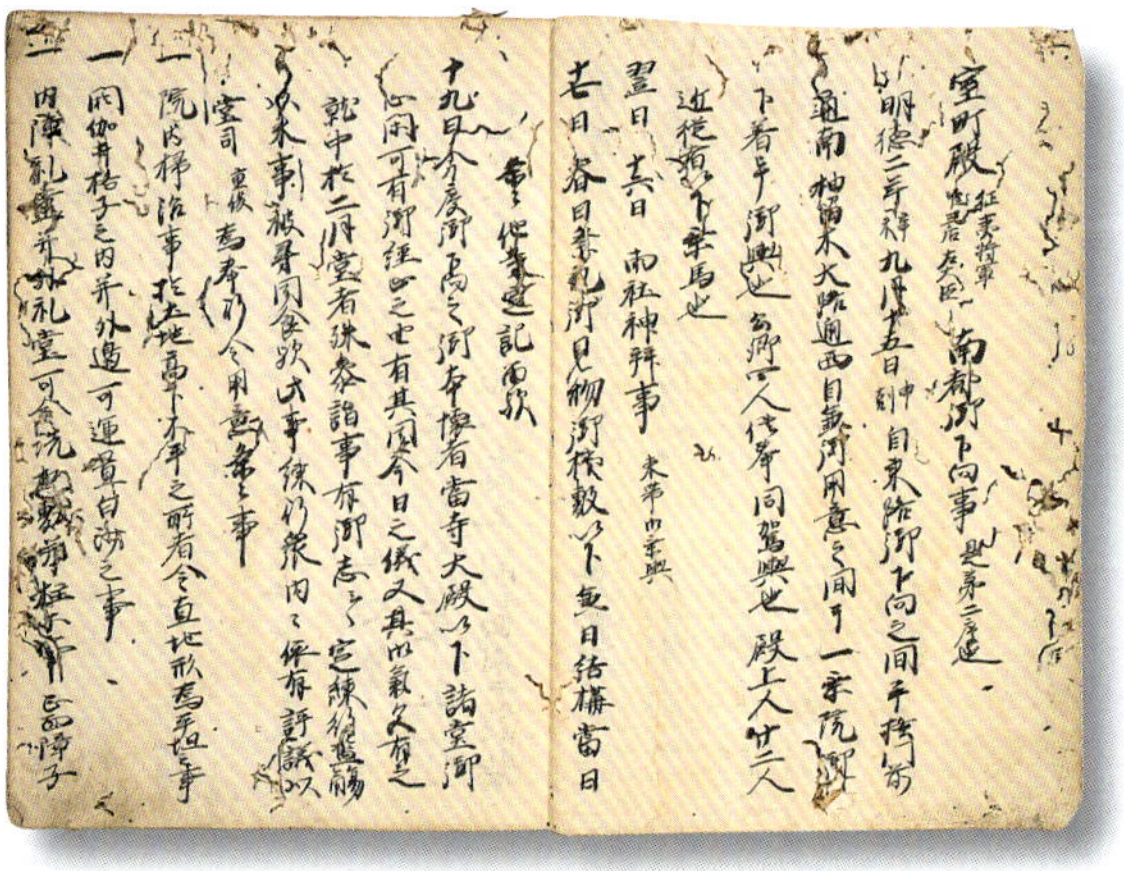

二月堂《にがつどう》修中《しゅうちゅう》練行衆《れんぎょうしゅう》日記《にっき》　第七

1冊　紙本墨書　縦 29.3cm　横 22.8cm
室町時代　明徳 3 年（1392）　重要文化財

室町三代将軍足利義満は東大寺へ 3 度来寺している。2 度目の明徳 2 年 9 月には春日若宮祭見物の後に二月堂へ参詣、修二会に使用する法具類を拝見、奈良時代から継ぎ足されている根本香水を服している。その後、二月堂の大床（舞台）から奈良を眺めて楽しんだ。義満は東塔の造営料として遠江《とおとうみ》国蒲御厨《のくにかばのみくりや》を寄進している。

◎義持、経巻を寄進する

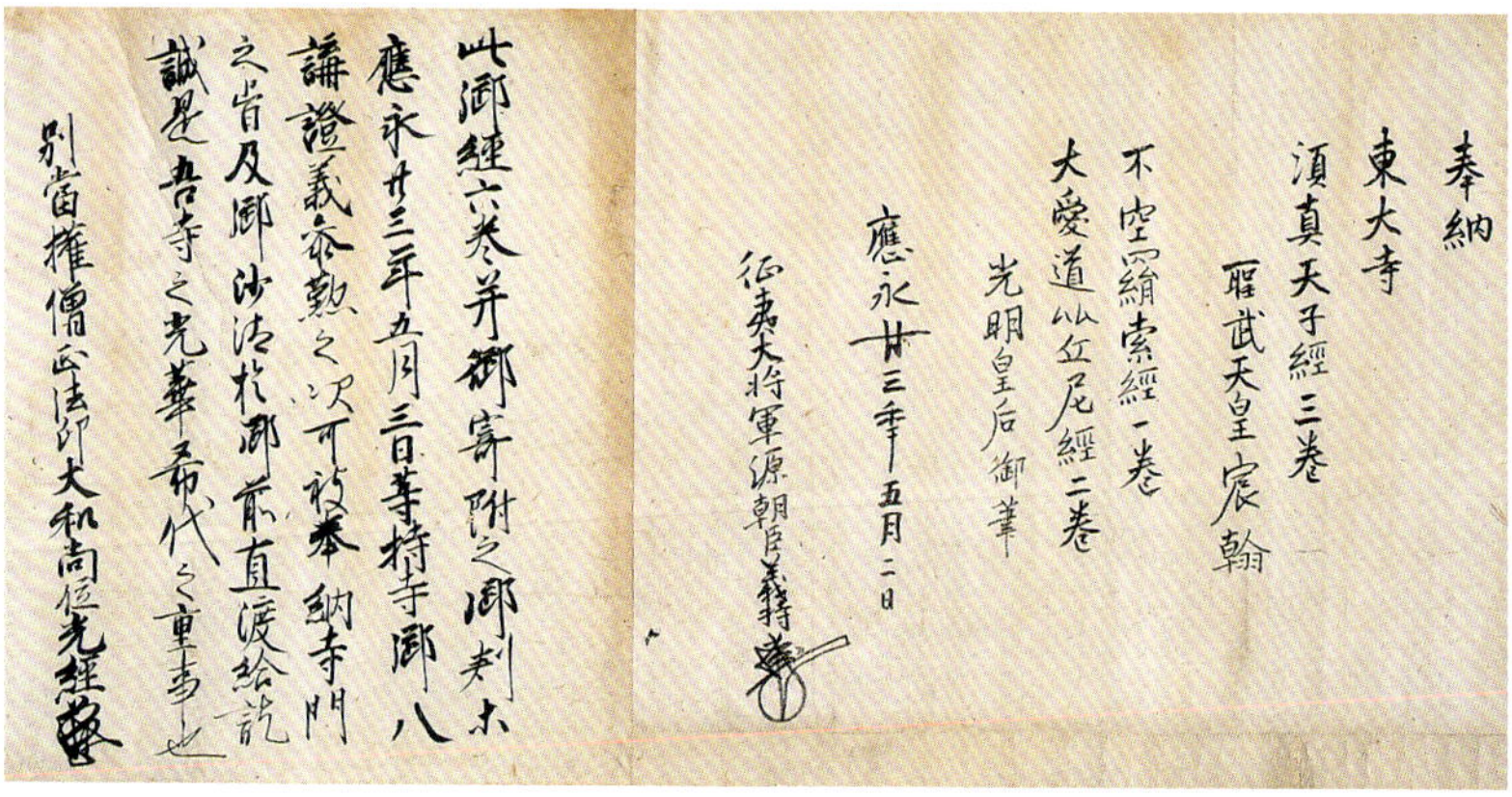

奉納
東大寺
須真天子經三巻
聖武天皇宸翰
不空羂索經一巻
大愛道比丘尼經二巻
光明皇后御筆
應永廿三年五月二日
征夷大将軍源朝臣義持

此御経六巻并御寄附之御判木
應永廿三年五月二日等持寺御八
講證義參勤之次可被奉納寺門
之旨及御沙汰於御前直渡給訖
誠是吾寺之光華希代之重事也
別當權僧正法印大和尚位光経

足利義持《あしかがよしもち》経巻《きょうかん》施入《せにゅう》状《じょう》

東大寺文書　1 通　紙本墨書
縦 35.2cm　横 47.9cm
室町時代　応永 23 年
（1416）　国宝

応永 23 年 5 月 2 日に室町四代将軍義持が東大寺にゆかりの経巻を寄進した際の書状。聖武天皇宸筆とされた『須真天子経』、光明皇后発願で天平 12 年（740）5 月 1 日付の願文が巻末に書かれた『不空羂索経』、『大愛道比丘尼経』が寄進された。左側は寄進の由緒を書いた時の別当光経による添書。

6 永禄の炎上―戦国時代

◎松永久秀《ひさひで》との対立

応仁元年（一四六七）から一一年間続いた応仁・文明の乱によって、室町幕府は全国的な影響力を失い、全国各地で戦闘が繰り広げられるいわゆる戦国時代を迎えた。奈良は永禄年間（一五五八〜七〇）までは比較的平穏であったが、永禄三年に三好長慶の家臣・松永久秀が大仏殿と相対する眉間寺山に多聞城を築くと、奈良も戦乱に巻き込まれていくようになった。

永禄七年に主君の三好長慶が病死すると松永久秀は勢力を拡大するようになり、同じ三好氏の重臣であった三好三人衆（三好長逸《ながやす》・三好政康《まさやす》・岩成友《とも》通《みち》）らと激しく対立するようになって、奈良の各所で小競《こぜ》り合いを起こすようになった。

◎大仏殿炎上

永禄一〇年（一五六七）五月には松永久秀が戒壇院へ出陣、三好三人衆と衝突し、一八日に戒壇院が炎上した。七月になると餅飯殿《もちいどの》、角振《つのふり》、橋本といった奈良の町方も戦いによって焼亡した。

一〇月一〇日、大仏殿に陣を張る三好勢に対して松永久秀は夜討ちをかけた。まず大仏殿の西方にある重源が勧進の拠点とした穀屋《こくや》、続いて中門堂が炎上、丑《うし》の刻（午前二時）に至っては大仏殿西回廊に火が移った。

戦いの最中での僧らの消火活動にもかかわらず、大仏殿が炎上、大仏も頭部や腕が落ち、上半身は熱で溶け落ちてしまった。

興福寺多聞院の英俊はその時の様子を自身の日記に次のように書き残している。

「丑剋大仏殿忽焼了、猛火天ニ満、サナカラ如雷電、一時ニ頓滅了、尺迦像モ湯ニナラセ給了」

大仏、大仏殿以外にも唐禅院、浄土堂、四聖坊など多くの諸堂、諸院も焼亡してしまった。

◎復興の動き

戦国時代という政情不安な世の中であっても、大仏、東大寺復興の動きはすぐさま起こり、当時、東大寺の実質的な責任者・年預五師《ねんよごし》であった上生院《じょうしょういん》浄実《じょうじつ》*1は、炎上直後に東大寺衆徒による群議を開いた。この群議では鎌倉時代の復興の例に倣《なら》うことが決議され、時の天皇・正親町《おおぎまち》天皇に綸旨《りんじ》（天皇の意志を伝える文書）の発給を依頼し、それを携《たずさ》えて東大寺僧が二名ずつ各地へ勧進に赴《おもむ》くこととされた。この綸旨は実際に永禄一一年三月頃から織田信長、長尾景虎（上杉謙信）、毛利元就、武田信玄、徳川家康など各地の有力者一二名宛に出されている。

この時期の東大寺復興は大和国山辺郡山田の城主であった山田道安によって、大仏胴体の修復が永禄一二年七月頃より開始された。頭部は元亀三年（一五七二）に木造のものに銅板を貼るかたちで造られ、大仏殿の仮堂も興福寺大乗院から寄進された用材によって建てられた。

◎織田信長も勧進に協力

近畿地方に勢力を拡大しつつあった織田信長は元亀三年六月、帰依をしていた山城阿弥陀寺の清玉に対し、自身の分国すべての住人から毎月一文を勧進するように命じ、大仏殿再建の費用を捻出しようとした。

清玉はこれより前、永禄一一年四月頃より大仏殿再建の勧進を始めていたようで、信長からの書状の宛名には「東大寺本願」の文字がみえる。しかし戦国の世のゆえ勧進は成果が上がらなかったようで、復興活動は遅々として進まなかった。清玉の勧進活動も信長が本能寺の変で死去すると頓挫《とんざ》してしまったようである。

この状況下で浄実は巨額の費用、多量の資材や時間が必要な修復、再建事業を推進するのではなく、まず教学を復興することから始めた。奈良の諸寺などへ経典類の書写を依頼、自らも経典を借用して書写、また焼失を免れた経典類を整理し東大寺の教学を再構築し、八宗兼学の学問寺としての面目を保ったのである。

*1 浄実……大永2年（1522）の生まれ。地蔵院浄芸の弟子で上生院を中興した。藤原氏系の嶋田氏の出身。そのためか興福寺とも活発に交流し、法相宗関連の多くの経典を借り受け書写した。当時、「近代無双の学匠也」といわれた。天正18年（1590）6月24日入寂。

7 東大寺の江戸復興

◎雨ざらしの大仏

慶長八年（一六〇三）、徳川家康によって江戸幕府が開かれると、東大寺の寺院経営は幕府から与えられた約二二〇〇石の朱印《しゅいん》地（知行《ちぎょう》地）と周防《すおう》、長門《ながと》二国の藩主・毛利氏*1からの一〇〇〇石分の寄進によって、数多くの法会《ほうえ》の開催や堂舎の復興、維持をしていかなくてはならなかった。毛利氏からの寄進というのは鎌倉復興の際に周防国が造営料国に充てられた時以来の由緒によるものである。

徳川家康は東大寺の復興には協力的であったようで、幕府を開く前年に正倉院や宝物を修理し、唐櫃《からひつ》を寄進している。その後も東大寺の願いに応じて諸国勧進を許容している。ただこれも冬、夏二度の大坂の陣や家康の死によって実現はしなかった。

慶長一五年（一六一〇）七月には大風によって大仏を覆っていた仮堂が倒壊してしまい、大仏は露座のまま過ごすこととなった。

元禄二年（一六八九）、奈良の地を訪れた俳聖・松尾芭蕉は復興の途上でいまだ大仏殿がなく、露座の大仏を見て、次のような句を詠んでいる。

初雪やいつ大仏の柱立
（各務支考編『笈日記』）

雪かなしいつ大仏の瓦葺
（其角著『花摘』）

◎公慶の登場

さてこの時代の本格的な復興は炎上から約一三〇年、文治政治の基盤が安定した貞享・元禄時代の公慶まで待たなくてはならなかった。公慶は大和国生駒高山の豪族であった鷹山氏の出身。一三歳で東大寺大喜院に入り、雨に打たれる露座の大仏を見て大仏修復・大仏殿再建を思い立ったといわれている。

◎二月堂の炎上

その後、東大寺の学問僧としての道を歩み、寛文六年（一六六六）一九歳の時、初めて二月堂修二会《しゅにえ》の練行衆《れんぎょうしゅう》

◎寛文七年（一六六七）に起きた火災の証人

二月堂本尊光背《にがつどうほんぞんこうはい》
1面　銅造　鍍金
身光部：縦 229.5　頭光部：最大幅 72.3cm
奈良時代（8世紀）　重要文化財

二月堂本尊である十一面観音像の光背。寛文7年（1667）の火災時に取り出された。表裏ともに美しい線刻画があり、天平勝宝9歳（757）に製作された大仏蓮弁線刻画に少し遅れる頃の製作とみられる。身光表には十一面千手観音（十一面観音が神変を表したもの）を中心に多数の仏、菩薩、天部形像がそれを取り囲んでおり、裏面には大仏蓮弁と同趣の仏教的世界観を表す線刻がある。中でも須弥山図の図像が大仏蓮弁と共通しているのが注目される。

*1　毛利氏の寄進は慶安年間（1848 ～ 52）、藩財政悪化によって幕府をも巻き込む問題となった。幕府の調停により大坂で米を受け取ることとし、東大寺は米相場で現銀化、それを奈良まで持ち帰った。

として参籠した。

翌七年、二度目の参籠中に二月堂が炎上、焼失した。治承と永禄、二度の兵火も乗り越えた二月堂が創建以来、初めての炎上で失われてしまった。その時の様子は『修中練行衆日記』に詳細に書き留められている。

二月一三日の法会を終えた練行衆が二月堂下の宿所でしばしの休息をとっていると、二月堂に煙が上がっているとの報が入った。

練行衆や籠衆《こもりしゅう》は一斉に駆け上がり、修二会進行役・堂司《どうつかさ》の実賢が燃えさかる炎の中、厨子《ずし》から小観音を取り出し袈裟《けさ》に包んで救出をした。しかしその他の経典や法具などはほとんど持ち出せず、二月堂は焼け落ち、焼け跡には本尊・十一面観音像（大観音）が痛ましい姿で立ちつくしていた。絶対秘仏である本尊・十一面観音像はすぐさま御簾《みす》で覆われ、ひと月後には本尊を囲むように仮堂が建てられたのである。

二月堂炎上の報は一九日には幕府にも入った。東大寺としてもすぐに江戸へ下向し「不退の行法」である修二会存続のために幕府の援助での再建を強く訴えた。国家祈祷の場である二月堂は、幕府主導による再建がすぐに決定された。

七月には幕府の御被官大工が奈良に派遣され、現地の検分が行われて、再建のための指図《さしず》が描かれた。

永禄の兵火をも乗り越えた二月堂だが、炎上直前には近畿地方に頻発していた地震の影響もあって修繕が必要となっていた。そのため炎上時には材木などの資材がある程度集められており、それゆえ二年という短期間に二月堂の再建がなり、寛文一〇年の修二会からは現在見られる二月堂で行われている。

公慶は幕府の手で瞬く間に二月堂が再建される様子を間近に見て、大仏修復、大仏殿再建の思いをより強くしていったのであろう。

貞享元年（一六八四）六月、江戸に下向し幕府から許可を得て勧進を始めた。しかしこの時の許可は「勝手次第」、つまり勧進を行うことは許可するが幕府は復興には協力しないということであった。

尊勝《そんしょう》陀羅尼《だらに》版木《はんぎ》

1面　木製　縦 22.5cm　横 20.0cm　厚 1.9cm
室町時代（15 世紀）

修二会では行中に牛玉札《ごおうふだ》と尊勝陀羅尼札が練行衆によって摺られる。尊勝陀羅尼札は尊勝仏頂の悟りや功徳を説く『尊勝陀羅尼経』を梵字で円形に配列した版木が使用される。写真の『尊勝陀羅尼経』の版木は寛文7年（1667）2月、修二会中に炎上した二月堂の焼け跡から発見されたもので焦げ跡や欠失部がある。

微細世界即是大世界知大世界即是微細
世界知少世界即是多世界知多世界即是
少世界知廣世界即是狭世界知狭世界即
是廣世界知一世界即是无量无邊世界知
无量无邊世界即是一世界知无量无邊世
界入一世界知一世界入无量无邊世界知
穢世界即是浄世界知浄世界即是穢世界
於一毛孔中悉分別知一切世界於一切世界
中悉分別知一毛孔性知一世界出生一切
世界知一切世界猶如虚空欲於一念知一
切世界悉无有餘故發阿耨多羅三藐三菩
提心佛子復置此喩假使有人於東方无量

二月堂焼経《にがつどうやけきょう》　紺紙銀字《こんしぎんじ》華厳経《けごんきょう》

1巻　紺紙銀字　巻子装
縦 21.0cm　全長 659.7cm（巻 59）
奈良時代（8 世紀）　重要文化財

紺紙に銀泥で界線を引き、銀泥で書写された 60 巻本の『華厳経』。奈良時代に写されたもので古くから二月堂に安置され、実忠忌の時に使用されたとされる。寛文7年（1667）2月の二月堂炎上後の焼け跡から発見されたために天地に焼損があり、「二月堂焼経」の名で呼ばれている。料紙の紺色に対比的に白く輝く銀字が美しい。

◎人びとの小さな支援が大仕事を成す

幕府からの支援がないなかでも公慶は行動を起こした。鎌倉復興の重源の活動を範とし、東大寺の公物となっていた重源所用の勧進杓《しゃく》や鉦鼓《しょうこ》(60頁参照)を借り出し、諸国を勧進して廻った。

勧進にあたっては「南都大仏修復勧進帳」が作成された。この勧進帳末尾には聖武天皇、行基、後白河法皇、源頼朝、重源の名や重源の御影が刷られている。奈良時代、聖武天皇の創建の思いや鎌倉時代の復興時の精神を受け継いでいこうという強い意思が垣間見られる。

公慶の勧進のスローガンは「一紙半銭」である。志のある人はわずかな紙、銭でも協力して欲しいという思い。公慶の思いに共感した人びとが五文、十文といった少額を寄進したことが勧進帳に記されている。これらの小さな額が積み重なり、修復が完了する元禄四年(一六九一)までの七年間で寄進された総額は金約一万一千両にまで達したのである。

◎一ヶ月間続いた開眼供養

修復がなった大仏は大仏開眼供養会が元禄五年三月から四月の一ヶ月間にわたって行われた。開眼供養会では現在の観光都市・奈良の礎が築かれたともいえる盛儀であった。

この期間に奈良を訪れた人は三〇万を数え、大坂から奈良への道は延々と人びとでつながったままで二日がかりで奈良に到着するほど混雑し、三月二七日の一日の宿泊者が四万九千余人あったと記録されるほど奈良の町は賑わいをみせたのである。大勢の人が奈良を訪れたため、見世物小屋なども建てられ、大坂の芝居小屋の見物人がいなくなったと記録されている。大仏の開眼供養会に合わせて東大寺では聖武天皇ゆかりの経巻や良弁の身の回りの品などが公開された。唐招提寺や薬師寺、秋篠寺などの他寺社でも秘仏、寺宝などの開帳が行われた。

大仏の修復がなり、開眼供養会が行われると公慶は横になって眠った。貞享三年から七年間、大仏の修復がなるまでは横になって眠らないと誓っていたのである。

公慶はすぐに次の行動に移った。大

東大寺人物伝⑩

公慶《こうけい》(一六四八~一七〇五) 江戸復興の立役者

慶安元年(一六四八)、丹後国宮津で生まれる。万治三年(一六六〇)、一三歳で東大寺に入寺、直後に雨に濡れる大仏を拝して大仏修復、大仏殿再建を決意したといわれる。寛文六年(一六六六)修二会に初参籠、翌年にも参籠し二月堂炎上と再建を目の当たりにした。貞享元年(一六八四)、幕府の許可を得て、大仏修復の勧進活動を開始、金約一万一千両を集め、元禄四年(一六九一)には大仏の修復が完了し、翌五年一ヶ月間にわたって大仏開眼供養会を行った。復興の願いを叶えるため、勧進開始から開眼供養会まで公慶は座って眠り、決して横になって寝ることはしなかった。

大仏殿の再建は開眼供養会の賑わいを知った将軍綱吉や母桂昌院の信任を得ることによって、幕府からの支援を受けることができた。

大仏殿上棟式の直後、宝永二年(一七〇五)七月一二日、大仏殿の完成をみることなく江戸にて客死、遺骸は特別の配慮によって奈良に運ばれ、東大寺の北、五劫院に埋葬された。

公慶上人《こうけいしょうにん》坐像《ざぞう》
1軀　木造　彩色　像高69.7cm
江戸時代　宝永3年(1706)　重要文化財
公慶の死の翌年、仏師性慶と公慶の弟子即念によって製作された。充血する左目やこけた頬、数多く刻まれた皺など写実性に富み、生涯をかけて東大寺復興に東奔西走した辛苦が伝わってくる。勧進所内に建てられた御影堂(公慶堂)に志半ばで倒れた公慶が完成した大仏殿を常に見上げられるよう、東を向いて安置されている。

仏殿再建のための「南都大仏殿再建勧進帳」を作成、引き続き勧進によって大仏殿再建も成し遂げようという意気込みである。そのまま最大の都市、江戸へ下向し活動を始めた。

◎幕府の後ろ盾を得て大仏殿再建

大仏の修復が民衆の小さな力の結集によってなり、開眼供養会に未曾有《みぞう》の人びとが訪れたことで公慶に転機が訪れたのである。奈良出身の僧で将軍綱《つな》吉《よし》やその母桂昌院《けいしょういん》から帰依を受けていた知足院（護持院）隆光のとりなしによって将軍綱吉に謁することができた。綱吉や桂昌院は公慶から大仏の縁起や開眼供養会の様子を直接聞いたのであろう。

大仏殿再建の事業は「公儀御普請《こうぎごふしん》」*1となり、幕府と諸大名からそれぞれ金五万両、合計一〇万両が拠出されることとなった。大仏修復時の「勝手次第」から幕府の方針は大きく変ったのである。大仏修復より一〇倍以上の費用が必要と見積もられていたこともあり、民衆への勧進も引き続き行われ、公慶は重源に倣って西国へと勧進活動の場を広げていった。

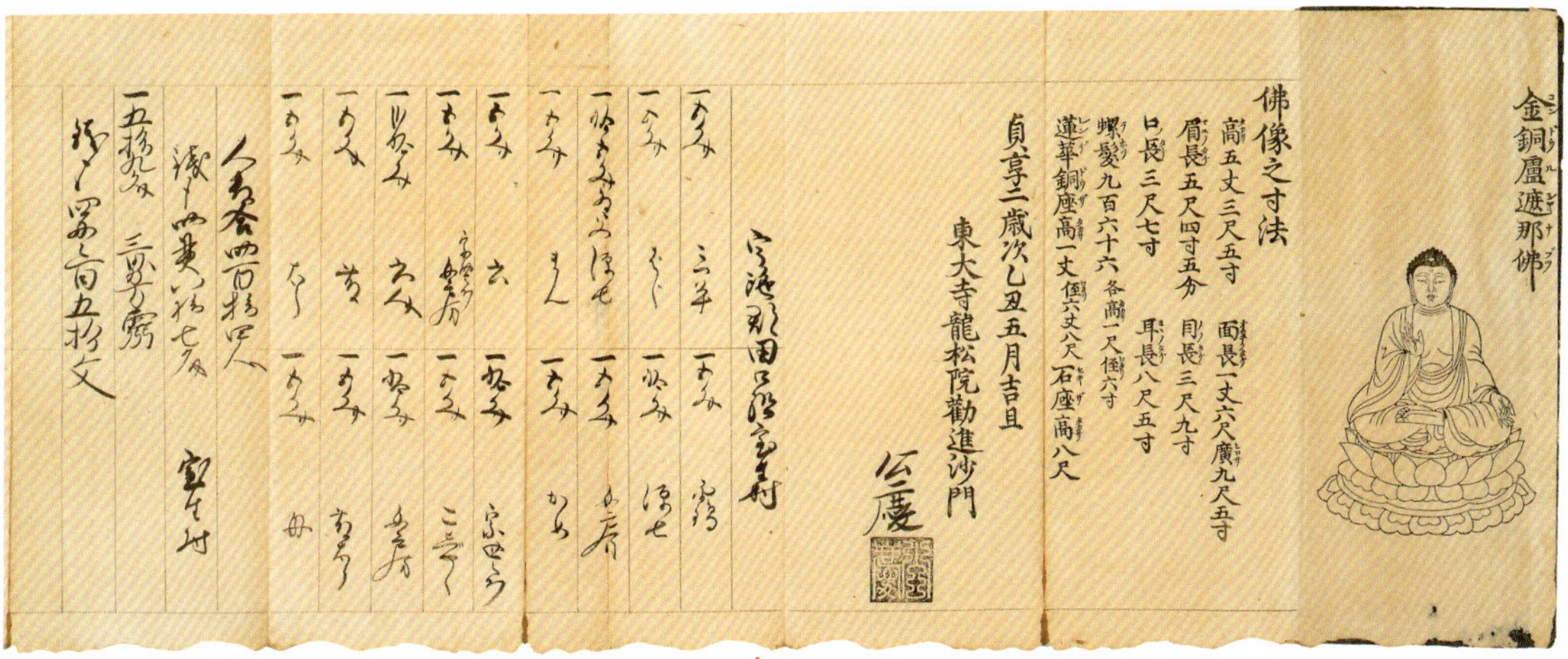

巻首

当時実際に人びとが行った勧進の記録

宇陀郡田口組室生村
一、五文　三平　　一、五文　鶴
一、五文　ばゞ　　一、五文　源七
一、一五文　為父源七　　一、五文　女房
一、　　一、十文　宗次郎
一、五文　宗次郎
女房
一、五十九文　三界万霊
室生村

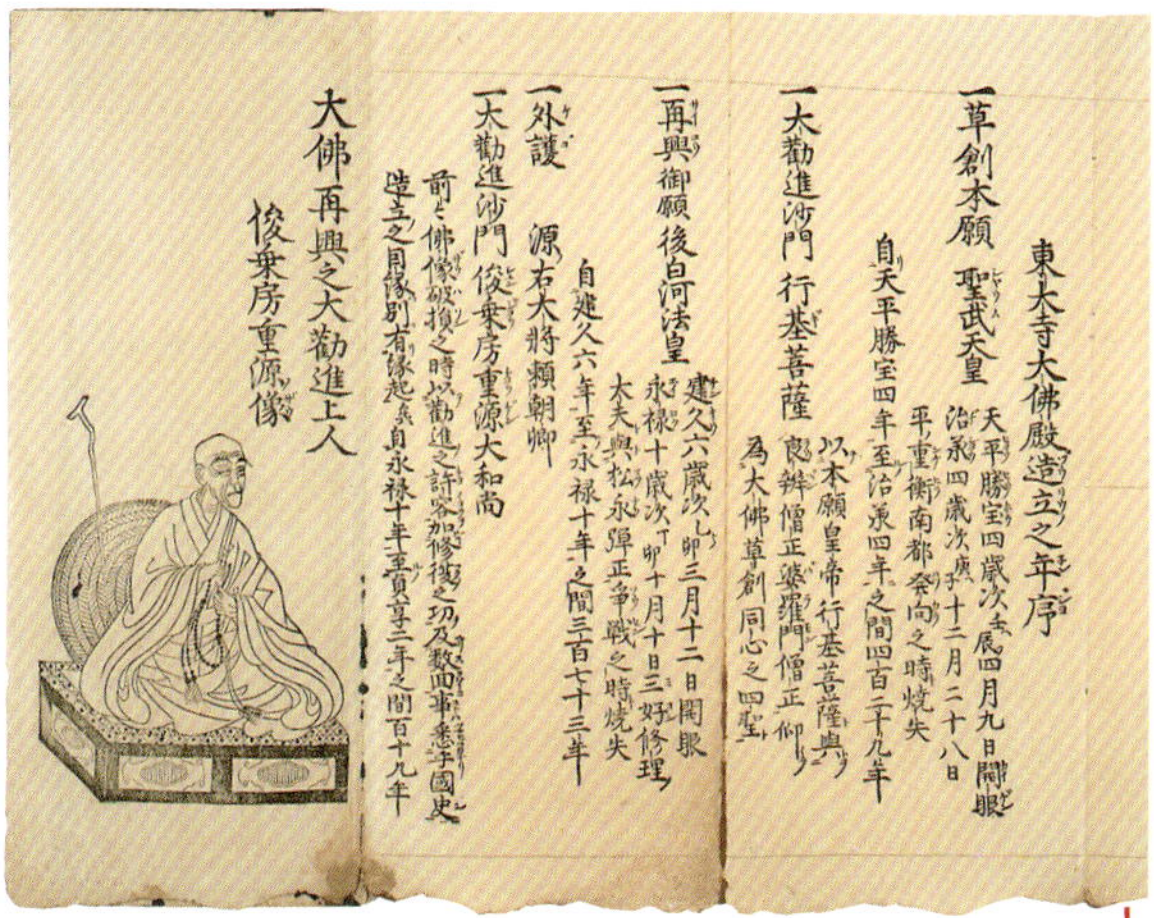

巻末

聖武天皇、行基菩薩、後白河法皇、源頼朝、重源の名が見られる　左端は重源の御影

大仏修復勧進帳《だいぶつしゅうふくかんじんちょう》
1帖　版本　墨書
縦30.1cm　長342.0cm
江戸時代　貞享2年（1685）

江戸時代の大仏、大仏殿の再興の経済学

平均的な経済状況で、金1両で米1石（60kg）が買えた時代
江戸でかけそばが1杯、16文（約400円）の時代

公慶の勧進合計（大仏修復）	約1万1200両
大仏殿計画予算（十一間）	約18万両
大仏殿再建予算（七間）	約10万両（幕府5万両、諸大小名5万両）
大仏殿再建費用（七間）	約12万両

※金1両＝銀60匁＝銭4貫文＝4000文

*1　公議御普請……幕府や諸大名が費用を負担し行った工事で主に河川や道の整備などがある。大仏殿再建は幕府の直轄事業となり、奈良奉行がその役にあたった。宝永5年（1708）6月に大仏殿が完成すると幕府（奈良奉行）から勧進職の公盛に引き渡された。

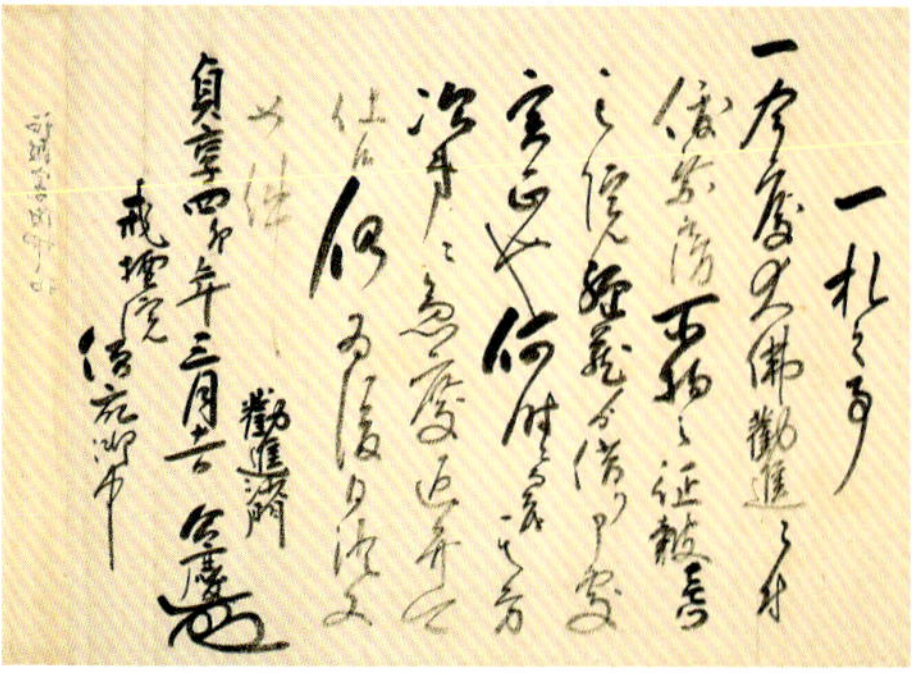

公慶上人借用状《こうけいしょうにんしゃくようじょう》

東大寺文書　1通　紙本墨書　縦31.3cm　横43.5cm
江戸時代　貞享4年（1687）　国宝

公慶上人が勧進の範とした重源上人が勧進の際に使用した鉦鼓（60頁参照）を借用する旨の書状。重源の鉦鼓は代々勧進職を務めた戒壇院に伝来していたが、公慶以降勧進職付の道具として寄付、戒壇院にはこの借用状が留め置かれた。

◎資材も資金も不足

大仏殿の再建と並行して境内の諸伽藍も整備された。徳川家康（東照権現）を安置する東照宮が造営され、念仏堂と本尊・地蔵菩薩坐像が修復された。加えて公慶は行動の範とした重源に関連する大湯屋《おおゆや》を修復、東大寺別所とした浄土堂の故地に重源上人像を安置する俊乗堂を建立した。宝永元年（一七〇四）には重源の五百年御忌《ごおんき》法要を行い、大湯屋にて施湯を行った

なお、従来の俊乗堂は現在、享保一三年（一七二八）に造られた行基《ぎょうき》菩薩坐像を安置する行基堂となっている。

さて、公慶も将軍綱吉も大仏殿は旧来の一一間での再建を望んだが、柱は芯の木を別の木で包み一本の木として使用する方法が採用されるなど、この頃には大木はほとんどなく[*1]資材不足が深刻であった。加えて資金不足もあって大仏殿の規模は七間四方に縮小された。しかし巨大な屋根の重量を全て支える虹梁《こうりょう》二本は、寄木でない長大な一本の木である必要があった。幸い、遠く日向《ひゅうが》国（宮崎県）白鳥神社境内で発見されて、東大寺へと運ばれることとなった。長さ一三間（二三メートル）もある大木の陸上運送は「寄進引き」と称して数千人の人びとが綱を引いたとの記録がある。鹿児島湾からは海路、大坂まで運ばれ、淀川を遡上、木津（京都）から東大寺への陸路は再び、大勢の人びとによって運ばれた。

◎桂昌院の死、公慶の死

宝永二年（一七〇五）三月、二本の大木は相次いで大虹梁として柱の上へ引き上げられ、閏四月一〇日には大仏殿の上棟式が行われた。大仏殿の再建も一つのヤマを越えたのである。

上棟の報告であろうか、公慶は上棟式が終わるとすぐに江戸へ下向した。途中、重源の跡をたどるように伊勢の神宮へも参拝した。

江戸に到着すると悲しい知らせが待っていた。将軍綱吉と共に東大寺の復興に理解を示し、多大な支援をしてくれた桂昌院が六月二二日に亡くなったのである。公慶は桂昌院の葬列に列した。桂昌院の死は公慶にとってよほど大きなことだったのであろうか。桂昌院の葬儀直後、公慶は病を得た。鍼灸、投薬などが行われ、江戸からの知らせが届いた東大寺でも八幡宮や二月堂などで病気平癒の祈祷が行われた。しかし七月一二日に半生を東大寺復興にささげた五八年の生涯を閉じたのである。

客死した者はその土地で葬ることが決まりであった江戸時代、護持院隆光の計らいによって、特別に公慶の遺骸は奈良に運ばれることが認められ、東大寺の北、五劫院に埋葬された。

公慶の死後、復興の大役は弟子の公盛に引き継がれ、大仏殿は宝永五年（一七〇八）六月に完成、翌六年三月落慶供養会が行われた。

＊1　奈良創建時は柱に使用できる大木は奈良や名張の山中など近郊で調達が可能であった。しかし平安時代にかけて畿内各地で寺社の造営が行われて近郊の大木が多数伐採された。そのため鎌倉再建時には遠く周防国から調達しなければならない状況であった。（→次頁脚注へ）

8 大仏殿落慶供養

◎供養会のにぎわい

宝永六年（一七〇九）三月二一日から四月八日までの一八日間行われた落慶供養会は開眼供養会と同様、奈良、京都の各寺院の僧の出仕による法要が連日営まれ、奈良時代の創建時を彷彿とさせる万歳楽《まんざいらく》、迦陵頻《かりょうびん》といった雅楽、あるいは高砂《たかさご》などの能が奉納された。参詣人も期間中、一六万人を数え、またしても奈良に多くの人が訪れたのである。

からくりや珍獣などをみせる見世物小屋が南大門前などに多く建てられた。落慶供養会の期間中、急病人がでることに備えて、奈良の医者四一人が連日待機していたことも記録に残っている。大仏殿落慶供養図屏風には倒れた急病人に急いで医者が駆け寄る姿が描かれている。また、開眼供養会と同じように唐招提寺や薬師寺などにも多くの人びとが訪れ、賽銭が多額にのぼったことなどが記されている。

◎受け継がれる勧進活動

大仏殿が完成すると幕府からの援助はなくなった。しかし復興は続けなくてはならない。公盛は初心に返り、勧進帳を作って勧進活動を再開、中門の造営にとりかかり、享保元年（一七一六）に完成させた。享保九年（一七二四）に公盛は亡くなるが勧進職は公俊、庸訓と受け継がれ、元文二年（一七三七）二月に大仏殿に続く東軒廊が完成し、ようやく現在みる大仏殿（大仏殿院）が復興された。万治三年（一六六〇）、一三歳の公慶が雨に濡れる大仏を拝し、復興を志してから実に七七年の歳月が過ぎていた。

その後、大仏の光背は元文四年（一七三九）、脇侍の完成はさらに遅れて、宝暦二年（一七五二）に完成した。ようやくもとのようになった大仏殿ではあるが平穏な日々は続かなかった。この頃になると大仏殿の再建から年月が経ち、補修を要する傷みが各所に出てきた。とりわけ一三万三〇〇〇枚の瓦と葺土、合わせて約三〇〇〇トンの重量がかかる大屋根はその重さのゆえに下がりはじめ、軒先が波打ってきた。そのため文化三年（一八〇六）に二層目（上層）の屋根を支えるように四隅には柱が入れられた。同様に重量のかかる大仏殿内の柱の一部は傷みが出ていたようで、天保八年（一八三七）に柱の根継ぎが行われている。

◎総約900kmに及ぶ虹梁の旅

虹梁の運搬ルート
宮崎県えびの市の白鳥神社～（陸路）～鹿児島湾～大隅半島～宮崎～大分沖～瀬戸内海～大阪淀川河口～（淀川）～木津～（陸路）～東大寺

大仏殿虹梁木曳図《だいぶつでんこうりょうこびきず》

1巻　古磵筆　紙本墨画淡彩　縦29.0cm　長1003.0cm　江戸時代（18世紀）

古磵（1653～1717）は浄土宗の僧であり、大和郡山西岩寺、奈良薬師寺や京都報恩寺に住した。狩野永納について画を学んだとされ、本格的な大画面仏画を遺すほか水墨で本図のような軽妙な作品も描く。大黒天画家としても知られている。図は、元禄17年（1704）、大仏殿虹梁とするために日向国白鳥山中から切り出された材木を、海路及び淀川・木津川を経由し木津まで運んだものを、木津からは陸路東大寺に運ぶ難儀な様子を描いたもので、綱曳く人物、野次馬などの雑踏がいきいきと描写されている。

＊1（続き）　江戸再建時には柱に使用できる大木はほとんど残されていなかったのである。江戸再建時、虹梁に使用された1本は白鳥神社の神木として伝えられてきたものであった。

大仏殿落慶供養図

◎見物客三〇万人突破！
一日の宿泊客四万九千余人！

大仏を囲んでの法要

「大仏開眼図」第３・４扇中央

大仏開眼《だいぶつかいげん》・大仏殿落慶供養図《だいぶつでんらっけいくようず》

６曲１双　紙本著色　各：縦 159.0cm　横 362.0cm
江戸時代（18 世紀）

永禄の三好・松永の戦火で大仏殿は焼亡し大仏御頭も焼け落ちてしまい、その後しばらく仮修覆のまま置かれ大仏も露座となったが、貞享元年（1684）、公慶上人（1648 ～ 1705）は大仏殿再建諸国勧進を幕府に願い出、再建事業に着手した。大仏を修覆完成させ開眼供養を行ったのは元禄５年（1692）のことであり、さらに大仏殿が造営されたのは宝永６年（1709）である。本図はその情景を当時の風俗を巧みに採り入れつつ表している。

門前の見世物小屋

「大仏開眼図」第１扇下

急病人と駆けつける医師

「大仏殿落慶供養図」第４扇下

大仏開眼図

エピローグ

守り伝えられる東大寺の心と文化

廃仏毀釈によって寺領を失い、経済的に危機的状況に陥りながらも、戦中も不退の行法を続け、創建の精神を見失わず、未来を見すえ、法灯を守り続ける。

1 明治・大正

◉廃仏毀釈《はいぶつきしゃく》による受難の時代

慶応三年（一八六七）、江戸幕府が瓦解し明治維新を迎えると、神仏判然令に端を発するいわゆる廃仏毀釈の流れは巨大な堂舎の維持管理をはじめ、さまざまなことに深刻な影響を与えた。東大寺八幡宮（手向山八幡宮）にご神体として安置されていた僧形八幡神像が運び出され、現在の八幡殿に移された。一方で公慶《こうけい》が新造し東南院東照宮に安置されていた東照権現（徳川家康）像は幕府瓦解とともに東照宮が廃されると手向山《たむけやま》八幡宮に移されている。加えて東大寺は幕府からの知行地は没収、鎌倉時代より続いていた周防国の毛利氏の寄進も途絶えてしまった。檀徒をもたない東大寺にとって寺院経営の経済基盤の大半を失ったのである。

明治五年（一八七二）九月には東大寺の華厳宗は知恩院を本山とする浄土宗の管轄となり、翌六年には浄土宗所轄華厳宗東大寺と称するようになった。なお改めて華厳宗として独立するのは明治一九年（一八八六）になってからのことである。

このような寺院経営が混乱していたなか、聖武天皇の遺愛の品を納めている正倉院も一〇〇〇年間にわたる東大寺の管理を離れ、内務省の管轄となり、後に宮内省の管轄となった。

宝物類は文化財としての保存の一環として明治五年に正倉院を開封、点検が行われた。八年には曝涼を機に大仏殿回廊で行われた奈良博覧会に出品されている。現在の奈良の秋の恒例行事化している正倉院展のさきがけである。

一方、大仏殿もいよいよ応急処置ではなく本格的な修理が必要となっていた。しかし明治三年に大仏殿の造営、修繕などを担ってきた勧進職が廃止されており、また経済的に危機的な状態であったこともあって東大寺自らが修理することはできなかった。もちろん誕生直後の明治政府には修理の援助をする余裕はなかっ

明治以降の東大寺

明治元　(1868)	神仏判然令発布。
明治 17（1884）	正倉院が宮内庁の管轄となる。
明治 19（1886）	華厳宗として独立。
明治 36（1903）	大仏殿の修理開始。
大正 4　(1915)	大仏殿落慶法要を行う。
昭和 27（1952）	大仏開眼一二〇〇年法要。
昭和 55（1980）	大仏殿の昭和大修理（1973 年〜）が完了。
平成 5　(1993)	南大門金剛力士立像の解体修理（1988 年〜）が終了。
平成 10（1998）	ユネスコの世界遺産に「古都奈良の文化財」として登録される。
平成 14（2002）	大仏開眼 1250 年を記念して法要やイベントを行う。
平成 22（2010）	平城遷都 1300 年祭。
平成 23（2011）	東大寺総合文化センター創立。

虹梁下に入れられた鉄骨トラス

写真：箱崎和久

明治の修理では屋根の重量を受ける虹梁の下に鉄骨をトラス状に組み入れ、公慶の虹梁とともに屋根を支え続けている。

修理前写真

写真：北村太一

明治修理直前の大仏殿の姿。波打っている軒先の様子や下がる屋根を支えるために文化3年（1806）に入れられた四隅の柱が見える。明治修理時に復原される屋根上の鴟尾はまだ見えない

た。そこで奈良時代の創建の志に立ち返り、大仏会という勧進組織を結成し勧進に勤めたのであるが、それも思うに任せなかった。

◉古社寺保存法のもとでの再生

廃仏毀釈の嵐がようやく過ぎ去った明治三〇年になってようやく古社寺保存法が制定され、古《いにしえ》からの文化財の保存、保護に政府が動き出したのである。政府からの補助金を受け、明治三六年大仏殿の修理が開始された。

この時の修理は屋根にかかる重量を軽減するため瓦の間隔を広げて瓦枚数を約二万枚減少させた。また屋根の重量を受けて湾曲してしまった虹梁の下にイギリスから輸入した鋼材を用いて支えた。さらに屋根の一部をセメントで補強するなど当時の最新技術の導入によって明治大修理が成し遂げられた。途中、日露戦争による中断や明治天皇の崩御《ほうぎょ》や昭憲皇太后の薨去《こうきょ》によって、大正四年（一九一五）になってようやく大仏殿落慶供養が五月二日から七日間行われた。

現在、大屋根の大棟の東西に金色に輝く鴟尾《しび》は明治修理の際に復原されたものであり、銀壺や太刀といった奈良時代の鎮壇具《ちんだんぐ》は、この時の足場建設にあたって大仏蓮華座下より発見されている。

大仏殿の修理が終わると、昭和初期にかけて法華堂や南大門なども次々に修理されていった。

コラム　東大寺図書館

近代の諸堂修理が進行していくとともに、学問寺としての伝統を維持する努力も怠らなかった。廃仏毀釈の動きが激しいなか、奈良では貴重な経典聖教、古文書類が反故紙として売られ、土産物の包み紙や風呂の焚きつけなどにされた。このように古代から連綿と続く宗教、文化の継続の危機的状況を危惧し、真言院灌頂堂に設置されたのが南都仏教図書館である。明治二九年（一八九六）に資料収集などの準備が始められ、三六年六月五日には所蔵資料が一般に公開された。当初の目的は名の如く南都諸大寺の蔵書類の蒐集につとめたが、遅々として進まず東大寺内の塔頭の経典、古文書を主体とすることとなり、大正九年（一九二〇）一月に東大寺図書館と改称された。昭和三年（一九二八）には真言院南側に移転、さらに昭和三八年に寺内宝物類を保管する収蔵庫が本坊南に建設されると収蔵庫西側に移転した。

現在、寺内の宝物類とともに奈良時代の写経、宗性、凝然の写本類、『東大寺文書』など数多くの経巻、聖教、古文書類を保管、管理している。なお平成二三年（二〇一一）には免震装置を備えた展示室や収蔵庫を備える東大寺総合文化センター内に移転した。

2　昭和・平成

◉戦中戦後の困難

昭和に入ると、戦争が東大寺にも色濃く影を落とした。第二次世界大戦末期には空襲に備えて大仏殿の屋根には境内の深い緑に紛れるように緑色のネットがかぶせられた。また仏像の正暦寺や円成寺など郊外への疎開が検討されて実際に法華堂から諸尊が運び出された。堂舎の解体も検討されたが、そこで終戦となった。運び出された仏像は昭和二〇年（一九四五）一一月になって法華堂に戻されている。

〝不退《ふたい》の行法《ぎょうほう》〟修二会《しゅにえ》にも影響が出た。昭和一九年の修二会中に召集令状が三人の練行衆と四人の童子に届き、応召して退堂した。それでも修二会は続けられ、練行衆は一人で二、三の役を掛け持ちし乗り越えたのである。また行法自体も外に明かりが漏れないよう、扉を閉めて行われた。

終戦後にも戦争の余波があった。進駐軍に接収されていた春日野グラウンド（奈良公園）でのアメリカの独立記念日を祝う花火の火が本坊に飛び火して全焼した。本坊に保管してあった西大門勅額（14頁参照）は運び出して難を逃れたが、いくつかの貴重な絵巻類が焼失してしまった。昭和二二年七月四日のことであった。

その後も大仏殿前の八角灯籠の火袋《ひぶくろ》の一部が盗難にあい、また台風の襲来で二月堂前の良弁杉が倒れ、閼伽井屋《あかいや》や二月堂食堂《じきどう》が破損するなどさまざまな形の被害を被ったのである。

◉昭和の大修理

昭和四八年（一九七三）に大仏殿の昭和大修理が始まった。昭和三〇年代から大仏殿の各所で雨漏りが目立つようになり、染みこむ雨によって屋根の部材が局部的に腐朽していたのである。これは明治修理の際、屋根の重量を軽減するために瓦枚数を減らして間隔を広げたことに起因するものであった。

修理は雨漏りの原因となった瓦の間隔を江戸時代のものに戻すことを主眼として、江戸時代の数に戻すこととした。取り替えなどを含めて新たに造られた瓦六万三〇〇〇枚は、従来のものから一割ほど軽量化する工夫がされ、約三〇〇〇トンといわれる屋根の総重量は増加することはなかったのである。また金色に輝く鴟尾も落雷によって破損していることも判明し、西側（大仏殿に向かって左）は新調され、東側と共に金箔も押し直され、金色の輝きを取り戻した。大仏殿周辺の整備も修理に合わせて行われ、中門から大仏殿にかけて続く参道には日本への仏教伝来の道を象徴するようにインド産、中国産、朝鮮半島産、日本産、それぞれの国の石が敷かれた。

昭和五五年（一九八〇）、七年の歳月をかけた大修理が完了し、大仏発願の日、一〇月一五日に大仏殿の昭和大修理落慶法要が盛大に行われた。

このたびの修理に際しても国からの援助はもちろんのこと、創建からの連綿と受け継がれている精神、すなわち民衆を〝知識〟

として力添えを仰ぐため、「大仏殿昭和大修理」の勧進活動を行ったのである。

◉金剛力士像の解体修理

大仏殿の大修理が終わると奈良時代の校倉造《あぜくらづくり》倉庫である本坊経庫、勧進所経庫や二月堂参籠宿所及び仏餉屋《ぶっしょうや》などの建造物の修理が次々と行われた。その後、昭和六三年（一九八八）から平成五年（一九九三）までは南大門金剛力士立像の修理が行われた。鎌倉時代の造立から初めての本格的解体修理であり、阿形像からは運慶と快慶の墨書銘が吽形像からは定覚と湛慶の墨書銘が新たに発見された。これは従来の認識とは違った慶派仏師の関わり方が考えられる発見となった。また開始から完成までわずか六九日間と言われる慌ただしさの中での造立についても銘文や胎内納入経の文言からも裏付けられたのである。

平成七年から一一年にかけては、奈良時代の創建から二度の大きな兵火をはじめ度重なる罹災にも耐え伝えられてきた大仏殿前の八角灯籠の修理が行われた。これは現代の社会問題である環境の変化、すなわち酸性雨による腐食に起因するものであった。

また学問の寺として一番の財産である経巻や聖教類、長い歴史を如実に物語る数多くの古文書、古記録なども次世代へと受け継ぐべく、保存修理が現在も継続して行われている。

解体修理のため運び出される金剛力士像（吽形）
写真：野村輝男
鎌倉時代の造立から初めて南大門を出る金剛力士像（吽形）。阿吽両像解体修理によって、作者や造像に関する貴重な資料が提供された。持物などが外され、運び出される姿はまるで巨大なミイラのようである。

◉創建の精神があればこそ

奈良時代に官民の数多くの力を結集して創建された東大寺。その一二五〇年を超える歴史は罹災と復興の繰り返しであった。特に二度の兵火による大仏殿など中心伽藍の焼失からの復興は、困難な状況の中で時の権力者の援助と民衆の協力に支えられて東大寺創建の精神のもとに、復興当事者たちの知恵と工夫によって成し遂げられているのである。この創建の精神は、今日まで受け継がれて法灯を護持してきたのであり、今後、未来へも継承されていくのである。

東大寺略年表

時代	西暦（和暦）	東大寺の歴史
奈良	七一〇年（和銅三）	平城京遷都。
	七二四年（神亀元）	聖武天皇即位（～七四九）。
	七二八年（神亀五）	皇太子基親王が死去。
	七二九年（神亀六）	長屋王の変。
	七三七年（天平九）	天然痘の流行により、藤原四兄弟（武智麻呂、房前、宇合、麻呂）が病死。
	七四〇年（天平一二）	藤原広嗣の乱。
	同	聖武天皇、河内の知識寺にて盧舎那仏を礼拝し、大仏建立を発願。
	七四〇～七四五年	この間、相次ぐ遷都が行われる。 恭仁京（七四〇）→難波宮（七四四）→紫香楽宮（七四四）→平城京（七四五） 数年にわたる天候不順から飢饉が起こる。政情不安が続く。
	七四一年（天平一三）	国分寺、国分尼寺の詔。
	七四三年（天平一五）	「盧舎那大仏造立の詔」を紫香楽宮で発す。
	七四四年（天平一六）	紫香楽宮で大仏造立開始するも遷都で中断。
	七四五年（天平一七）	平城京で再開。
	七四七年（天平一九）	大仏の鋳造を始める。
	同	東大寺の寺号の初見。
	七四九年（天平二一）	陸奥国より黄金を貢る。
	同（天平勝宝元）	大仏鋳造終わる（三ヶ年、八度の鋳継ぎ）。
	七五二年（天平勝宝四）	二月堂創建。実忠により修二会が創始される。
	同	大仏開眼供養会。
	七五四年（天平勝宝六）	鑑真の授戒。
	七五五年（天平勝宝七）	戒壇院建立。
	七五六年（天平勝宝八）	聖武上皇崩御。
	同	東大寺山堺四至図の成立。
	同	光明皇后、聖武先帝の遺愛の品を東大寺に施入。
	七六〇年（天平宝字四）	菩提僊那、大安寺で入寂。
	同	光明皇太后崩御。
	八六一年（貞観三）	大仏開眼供養。
	八七五年（貞観一七）	聖宝、東南院を創建。

主要堂塔の状況

- 762以前？ 南大門
- 752 以前？ 中門
- 1007 裳階修理　751 ？ 金堂（大仏殿）
- 917　760以前 講堂
- 764 東塔
- 752 西塔
- 755 戒壇堂
- 740 以前 法華堂(三月堂)
- 773 以前 二月堂

平	一〇一九年（寛仁三）	有慶、僧正堂（良弁堂）を建立。
	一一八〇年（治承四）	平重衡の軍勢により、東大寺、興福寺、元興寺の諸堂が炎上。
	一一八一年（養和元）	俊乗房重源、大仏の修理、大仏殿の再興を計る。
	一一八三年（寿永二）	大仏の御手・御頭を鋳始める。
鎌倉	一一八五年（元暦二）	源頼朝、再興を助成。
	同（文治元）	大仏開眼供養会。
	一一八六年（文治二）	周防国を東大寺造営料国にあてる。
	同	藤原秀衡の寄進。
	一一九〇年（建久元）	大仏殿上棟式。
	同	源頼朝が密かに参詣。
	一一九五年（建久六）	大仏殿落慶供養。
	一一九九年（正治元）	南大門上棟。
	一二〇一年（建仁元）	快慶、僧形八幡神像造像、開眼供養を行う。
	一二〇三年（建仁三）	南大門仁王像の開眼供養。
	同	東大寺総供養。
	一二〇六年（建永元）	重源、入寂。
	一二五七年（正嘉元）	四聖講 創始。
室町	一五六七年（永禄一〇）	三好三人衆と松永久秀の合戦で戒壇院、大仏殿等が焼失、大仏も被災。
江戸	一六八四年（貞享元）	公慶上人、幕府に勧進の許可を得、大仏殿再建事業開始。
	一六九二年（元禄五）	大仏の修復が完成し、開眼供養を営む。
	一七〇五年（宝永二）	公慶、入寂。
	一七〇九年（宝永六）	大仏殿落慶供養。
明治	一八六八年（明治元）	神仏判然令発布。
	一八八四年（明治一七）	正倉院が宮内庁の管轄となる。
	一八八六年（明治一九）	華厳宗として独立。
	一九〇三年（明治三六）	大仏殿の修理開始。
大正	一九一五年（大正四）	大仏殿落慶法要を行う。
昭和	一九五二年（昭和二七）	大仏開眼一二〇〇年法要。
	一九八〇年（昭和五五）	大仏殿の昭和大修理（一九七三年〜）が完了。
平成	一九九三年（平成五）	南大門金剛力士像の解体修理（一九八八年〜）が終了。
	一九九八年（平成一〇）	ユネスコの世界遺産に「古都奈良の文化財」として登録される。
	二〇〇二年（平成一四）	大仏開眼一二五〇年を記念して法要やイベントを行う。
	二〇一〇年（平成二二）	平城遷都一三〇〇年祭。

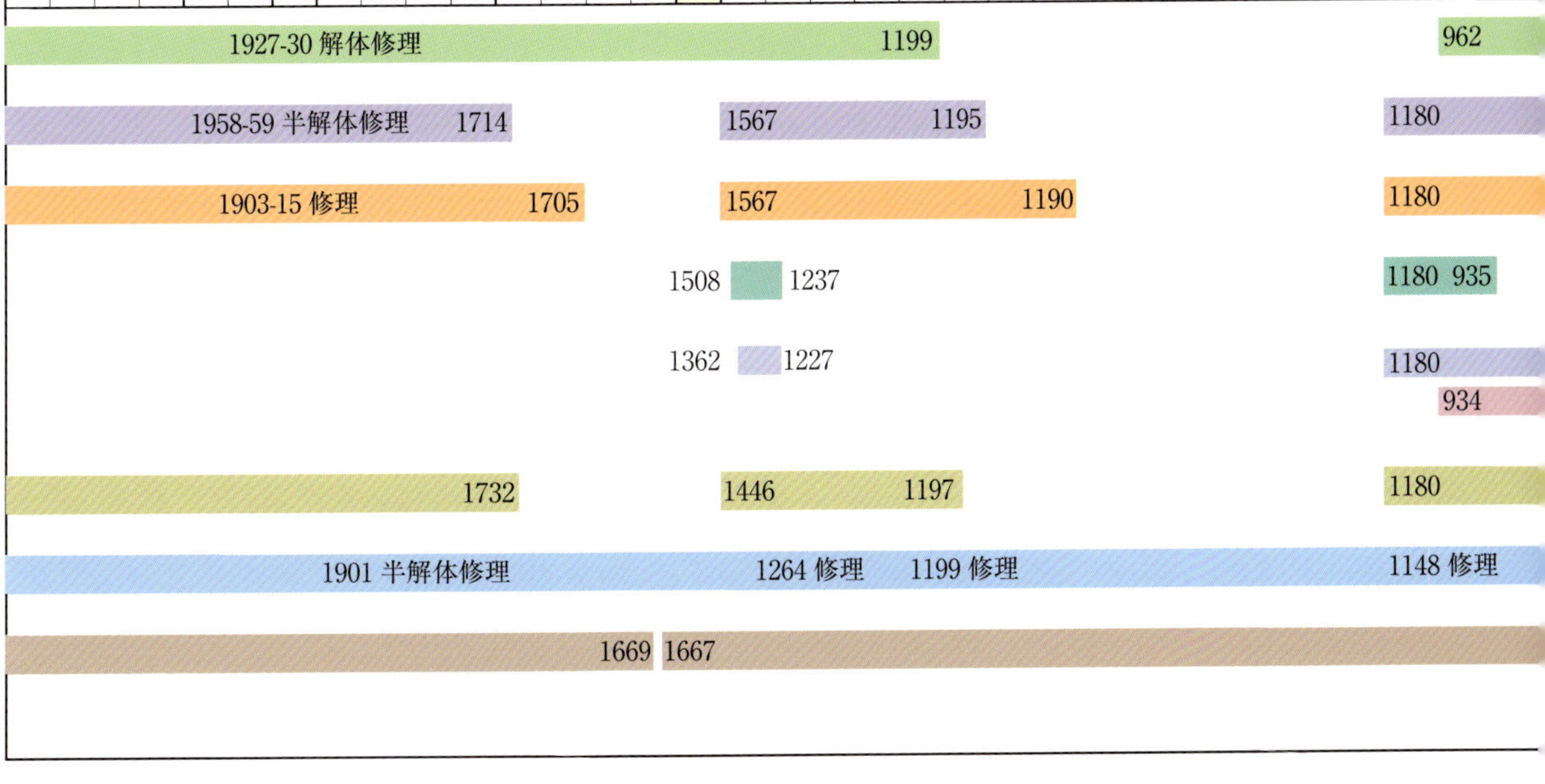

世界文化遺産

華厳宗大本山　東　大　寺

住　所　奈良市雑司町四〇六―一
電　話　〇七四二―二二―五五一一
FAX　〇七四二―二二―〇八〇八
https://www.todaiji.or.jp/

◆拝観時間（大仏殿）
七時半～一七時半（四月～一〇月）
八時～一七時（一一月～三月）
◆拝観時間（法華堂〈三月堂〉、戒壇院千手堂）
八時半～一六時
◆開館時間（東大寺ミュージアム）
九時半～一七時半（四月～一〇月）
九時半～一七時（一一月～三月）
境内は自由。大仏殿、法華堂（三月堂）、千手堂、東大寺ミュージアムは有料。
その他、行事や特別公開等の情報については、ホームページなどでご確認ください。

参考文献

堀池春峰著『南都仏教史の研究』（上・下・遺芳編）（法蔵館　一九八〇、八二、二〇〇四年）
筒井英俊校訂『東大寺要録』（国書刊行会　一九八二年）
平岡定海著『東大寺辞典』（新装版）（東京堂出版　一九九五年）
堀池春峰他『東大寺お水取り―二月堂修二会の記録と研究』（普及版）（小学館　一九九六年）
森本公誠著『善財童子求道の旅―華厳経入法界品』（東大寺　一九九八年）
東大寺編『東大寺』（学生社　一九九九年）
綾村宏・永村眞・湯山賢一編『東大寺文書を読む』（思文閣出版　二〇〇一年）
東大寺教学部編『シルクロード往来人物事典』（新版）（昭和堂　二〇〇二年）
GBS実行委員会編『ザ・グレイトブッダシンポジウム論集』（1～）（法蔵館　二〇〇三年～）
橋本聖圓著『東大寺と華厳の世界』（春秋社　二〇〇三年）
堀池春峰著・東大寺史研究所編『東大寺史へのいざない』（昭和堂　二〇〇四年）
筒井寛秀著『誰も知らない東大寺』（小学館　二〇〇六年）
森本公誠著『世界に開け華厳の花』（春秋社　二〇〇六年）
佐藤道子著『東大寺お水取り』（朝日新聞出版　二〇〇九年）
香取忠彦・穂積和夫著『奈良の大仏　世界最大の鋳造仏』（新装版）（草思社　二〇一〇年）
狹川宗玄他『新版古寺巡礼　奈良　第3巻　東大寺』（淡交社　二〇一〇年）

東大寺所蔵文化財関連索引

◉＝国宝　◎＝重要文化財

あ行

か行

さ行

た行

な行

は行

ま行

ら行

八角灯籠

著者

筒井寛昭〈つつい・かんしょう〉

1946年奈良県生まれ。1958年に得度。1996年権大僧正となる。1999年に東大寺財務執事、2007年5月に東大寺執事長に就任。2013～2016年4月まで、東大寺別当。現在、東大寺長老　東大寺上院院主。

梶谷亮治〈かじたに・りょうじ〉

1947年島根県生まれ。九州大学文学部卒業。1981年に奈良国立博物館研究員、2008年3月定年退職。2011～2014年、東大寺総合文化センター東大寺ミュージアム館長。2019年4月～2020年3月、地方独立行政法人大阪市博物館機構理事。著書に『僧侶の肖像』（至文堂）、共著に『仏教説話絵』『奈良国立博物館所蔵国宝絹本著色十一面観音像』（以上、奈良国立博物館）など。

坂東俊彦〈ばんどう・としひこ〉

1970年、岐阜県生まれ。奈良大学大学院文化財史料学専攻博士後期課程修了。博士（文学）。2003年より東大寺図書館員・東大寺史研究所研究員。共編著『新版古寺巡礼　奈良　第三巻　東大寺』（淡交社）。

＊記名のある項目以外の執筆は、歴史に関する概説と図版解説を坂東が担当し、美術・文化財に関する概説と図版解説を梶谷が担当した。

アート・ビギナーズ・コレクション

もっと知りたい **東大寺の歴史**

2010年10月20日　初版第1刷発行
2025年 7 月31日　初版第8刷発行

著　者　筒井寛昭
　　　　梶谷亮治
　　　　坂東俊彦
発行者　大河内雅彦
発行所　株式会社東京美術
　　　　〒170-0011
　　　　東京都豊島区池袋本町3-31-15
　　　　電話　03(5391)9031
　　　　FAX　03(3982)3295
　　　　https://www.tokyo-bijutsu.co.jp
印刷・製本　シナノ印刷株式会社

乱丁・落丁はお取り替えいたします
定価はカバーに表示しています

ISBN978-4-8087-0889-4 C0021

特別協力
華厳宗大本山 東大寺

本文デザイン
坂本公司＋小倉美佐緒

カバーデザイン
大澤貞子

シリーズタイトルデザイン
幅　雅臣

写真提供・協力
井上博道／宮内庁正倉院事務所／甲賀市教育委員会／鈴木公成／清凉寺／朝護孫子寺／名古屋市蓬左文庫／奈良県立橿原考古学研究所／奈良国立博物館（撮影：森村欣司／佐々木香輔）／奈良市観光協会／野村輝男／箱崎和久／坂東俊彦／PPS／堀池春彦／横内裕人／涌谷町教育委員会
＊東大寺所蔵のものは所蔵先を省略した。

編集協力
株式会社見聞社